LA CIUDAD EN EL CIELO ASTRAL

Todos los derechos han sido reservados, prohibida su reproducción parcial o total por cualquier medio, sin la autorización de su autor.

Miami, Florida, 33133

©Juan Roberto Pérez.

"El encuentro de ti contigo.

Como antesala a Dios"

Juanelmanu

NOTA DEL AUTOR	16
LA VISITA.	17
LA REALIDAD.	21
LA EXPERIENCIA	26
SEGUNDA NOCHE.	27
FACEBOOK MIS NOTAS:	38
DOLOR Y PENA	41
UN MUNDO EXTRAÑO	45
UN CAMINO TORCIDO	49
ANTES Y DESPUES	52
EN MI OPINION	56
EL CAMINO RECTO	58
RECUERDO	61
COMO ES POSIBLE.	65
COMO TRANSFORMAR LO MALO.	70

COMPARTIR ES VIVIR	73
CONTESTANDO TÚ PREGUNTA.	76
CREENCIA, FE Y DOGMA.	79
EXPLICACIÓN	84
CUBA Y LOS CUBANOS	86
DE AYER A HOY	92
DE – MENTE.	95
DESPERTAR	99
DESTINO…….. SEGUNDA PARTE.	103
DUDAR ES NO CREER.	110
EL SENDERO	113
LO QUE YO ENTIENDO.	114
EL CONOCIMIENTO	116
EL CONOCIMIENTO OCULTO.	118
EL DIVINO MAESTRO.	122

EL DOLOR AJENO	128
EL DOLOR NO ES AMOR.	133
EL EFECTO.	136
EL MISTERIOSO NOVIEMBRE.	139
EL OJO DEL ALMA.	146
EL SENDERO NO ES CAMINO.	149
EMANUEL	153
EN EL PRINCIPIO.	154
EN MI OPINION.	158
ERROR SIN HORROR.	161
ES MI ERROR.	164
INDUCIR O CONVERTIR.	170
(JESUS ERA EXTRATERRESTRE)	173
LA BODA DE CANA	175
LA BUSQUEDA 1	177

LA BUSQUEDA 2	180
LA CADENA INVISIBLE.	184
LA CONFRONTACION.	189
LA CONSPIRACION DE PASCUA.	191
LA COSTUMBRE.	197
LA FELICIDAD SI EXISTE.	200
LA HISTORIA	203
LA LUZ NO PRODUCE SOMBRA.	209
LA MENTIRA CONDUCE A LA IGNORANCIA.	214
LA NATURALEZA DEL BURLON.	215
LA NEGACION.	221
LA OFENSA.	226
LA REENCARNACION.	229
LA RESPUESTA.	231

LA TEORIA DEL DESENCANTO.	234
LA TRAMPA LLAMADA KARMA.	238
LA TRINIDAD.	241
LA VERDAD NO EXISTE.	245
LA VIDA ES UN DILEMA.	251
"LA VIDA ETERNA"	254
LA VIDA.	255
LA VIRTUD DE SER	256
LA VISION NO ES AMBICION.	261
LAS ALAS DEL ALMA.	266
LLAMALO POR SU NOMBRE.	270
"LLEGARE COMO LADRÓN EN LA NOCHE"	272
LO INCOGNITO.	276
LO OCULTO SALE A LA LUZ	279

LO OCULTO.	283
LOS SAGRADOS MISTERIOS.	285
MAGIA.	289
MIEDO A DESPERTAR.	292
MIRAMOS PERO NO VEMOS.	296
MISTERIO	299
NO ERA EL FIN, SI NO POR FIN.	303
LO QUE NO VES	307
NOTA DEL AUTOR. RESPUESTA A MUCHAS PREGUNTAS.	311
OPINIONES	315
"PORQUE SE DESTRUYO SODAMA"	319
PROGRAMADOS DEL MUNDO. DESPIERTEN.	338
RECOMPENSA O CASTIGO	340
RESPUESTA NÚMERO DOS.	344

RESPUESTA NÚMERO TRES	347
RESPUESTA.	352
RESPUESTAS A UN AMIGO.	358
ROMPIENDO EL SILENCIO.	363
SE NACE Y SE HACE.	366
EL MUNDO DE MAYA	369
SODAMA	371
TORMENTA Y CALMA.	373
TRADICION.	376
TRATAR NO ES TRIUNFAR.	379
UN ALIMENTO LLAMADO PASADO.	384
ELLOS NO OCULTAN LA VERDAD.	386
UN LÍDER NO NACE, SE HACE.	388
UN MUNDO EXTRAÑO	390
UNA SOCIEDAD EN SUCIEDAD.	394

VIDA DESPUÉS DE LA VIDA.	400
VOLVEMOS A LO MISMO.	404
YO NO BUSCO LA VERDAD, YO VIVO EN ELLA	405
CONFLICTOS MENTALES.	410
¿QUE EN VERDAD, BUSCO EN TI?	412
UN MUNDO BIPOLAR	415
ENTRE LO MUCHO Y LO POCO	421
LA HISTORIA SE ESCRIBE CON HECHOS.	427
BUENOS Y MALOS	433
LA FUENTE	437
VERDAD Y HECHOS	438
TO BE O NO TO BE.	442
SI YO NO LO SE, NADIE LO SABE	446
DUDAR ES NO CREER	449

LA CRÍTICA	450
UN PROGRAMA LLAMADO VIDA	454
EL CICLO NATURAL	458
ENKI EL ANUNNAKI	462
LO ASOMBROSO	463
RESURGIR	468

"Espero que encuentres
En esta obra, la respuesta
Que tanto has buscado"

NOTA DEL AUTOR

La humanidad ha estado viviendo el sueño de la existencia, para unos Gloria, para otros Infierno.

Nuestra realidad se confunde con el sueño y despertamos muchas veces queriendo continuar en esa maravilla creada por nosotros y que conocemos como mundo astral.

¡Unos dicen que son mundos paralelos!

Otros argumentan que son dimensiones, donde el alma penetra en busca de una nueva realidad.

Mientras la ciencia no se ponga de acuerdo.

"Yo seguiré visitando este hermoso lugar que hoy llamo

MI CIUDAD"

¿Por qué no?

Yo la descubrí y cada noche le incorporo un nuevo elemento.

Todo esto me hace decir con orgullo.

"ESTA CIUDAD ES MIA"

Y solo la comparto con aquellos que estén dispuestos a llenarla de alegría.

Bienvenidos hermanos y amigos a esta realidad, donde la ciudad está en el cielo.

©Juanelmanu.

LA VISITA.

Abrí los ojos en aquella calle estrecha, el color de las casas me recordó inmediatamente una de las tantas fotos donde las casas pintadas de blanco, cobraban vida, al tener como contraste aquellas matas de flores, trate inútilmente de descubrir cómo había llegado hasta aquel lugar paradisiaco, sin embargo no pude entender lo que había sucedido.

La joven muchacha que paso a mi lado, me miro y sonrió, su rostro alegre y juvenil no dejaba de sonreír.

Se detuvo unos pasos delante de mí y se volvió para decirme.

- ¿Eres turista?
- ¡Si lo soy! Me apure en contestarle. No sabía porque le había contestado de ese modo.

La muchacha llego hasta donde la calle estrecha se convertía en escalones los cuales conducían hacia un pequeño restaurante.

Se volvió para mirarme y movió la cabeza dándome a entender que la siguiera.

Cuando baje por aquellos escalones y llegue hasta donde estaba, me dijo.

- ¡Vas a probar la mejor comida que existe en la ciudad!
- ¿Pero aquí se come? Pregunte asombrado.

La muchacha sin poderse contener comenzó a reírse mientras trataba de decirme algo, que yo no podía entender, al final se detuvo un momento para decirme.

- ¿Por lo visto, no has entendido donde estas?
- ¿Dónde estoy? Le dije reflejando en mi rostro el deseo de conocer la verdad.
- ¡Estas en el cielo!
- ¿En el cielo, dices que estoy en el cielo, no entiendo cómo puede haber una ciudad en el cielo, me lo puedes explicar?

La muchacha me miro de una forma tan especial, que no pude entender que significado se ocultaba detrás de aquel rostro.

Ella se dirigió sin decir nada hacia una pequeña mesa y se sentó en una de aquellas sillas de madera.

Moví mi cabeza buscando donde estaban las personas que acudían aquel lugar y pude comprobar que solo estábamos ella y yo.

La muchacha me volvió a mirar y señalo hacia la silla que estaba a su lado.

Pensé por un momento el buscar en mi bolsillo para comprobar que llevaba dinero conmigo, pero el movimiento de cabeza de ella, me estaba diciendo que no debía hacerlo.

Por mucho que trate de entender, el porqué ella mantenía aquella sonrisa en su rostro, me fue imposible.

La proximidad del joven camarero, trayendo consigo una bandeja donde había un plato cuadrado con varias masas redondas de color blanco, produjo en la joven una alegría increíble.

El joven camarero dejo el plato sobre la mesa y se alejo sin decir ninguna palabra.

La joven se apuro en coger con sus dedos aquella forma blanca y se la llevo sin decir una sola palabra a la boca, cuando había terminado de morder un pedazo del mismo, me miro y mientras masticaba, en sus ojos pude observar que estaba feliz de estar en aquel sitio.

Cuando termino de tragar aquel bocado de comida, me dijo.

- ¿Tienes que probarlo? Ellos son los únicos que fabrican las bolas de queso.
- ¿Eso blanco es mozzarella? Me apure en decir.
- ¿Pruébalo y luego me dices?

Sin poder resistirme, cogí en mis dedos aquella bola de queso y al morderla, descubrí que su interior estaba lleno de tantos sabores distintos, que mis ojos tuvieron que reflejar la sorpresa que había recibido al morder el mismo.

El hombre que salió detrás de una pared junto con el camarero, no dejaban de reírse al contemplar mi rostro y luego al verme llevarme a la boca otra vez la bola de queso, estos ya no necesitaban que les dijera que una vez más, ellos seguirían con el titulo de ser los mejores cocineros, en la Ciudad del Cielo.

LA REALIDAD.

Abrí los ojos y comprobé que estaba acostado en mi cama, afuera llovía y por la ventana abierta entraba el sonido inconfundible, sobre mi cabeza el ventilador de techo mantenía su armonía incesante, la realidad pudo más que mi deseo de seguir mirando y viendo lo maravilloso que era aquel lugar, podía todavía saborear en mi boca aquel bocado de comida y sentí la frustración de no haber conocido cual era la receta para crear aquel maravilloso bocadito.

Me levante y me fui al baño, me senté en la taza y espere con paciencia que mis riñones dejaran salir aquel liquido que me había acompañado en mi viaje astral.

Siempre que orino, tengo que acordarme de mi tía Mercedita, eran los primeros años de Fidel y mi mama y yo estábamos viviendo en la casa de ella.

Aquella mañana había dicho en voz fuerte.

- ¿Quién es el que se orina fuera de la taza?

Tanto mi primo como mi tío, miraron hacia mí y sin poder contenerme me apure en decir.

- ¿Yo no soy, a mi no me miren?

Mi tía miro a mi primo cuando dijo.

- ¿Quién estuvo en el baño ahora?

- ¿Yo estuve ahora, pero orine dentro?

Mi tía miro a mi primo y este me cogió del brazo para llevarme hasta el baño y enseñarme las gotas que habían caído en el piso, frente a la taza.

- ¿No me di cuenta, la verdad y a ustedes no les sucede lo mismo?

- Aquí todos orinamos sentados, para evitar eso.

Se apuro en decir mi primo.

- De esa forma no tenemos que limpiar el piso.

- ¿Pero los hombres orinan de pie?

Mi tío que estaba detrás de nosotros dijo.

- Regla número uno, los hombres orinan sentados en esta casa.

- Regla número dos, se baja la cadena para comprobar que la taza está limpia para ser ocupada por otra persona.

- Regla número tres, el baño hay que secarlo cuando uno se baña para que las paredes no cojan moho.

Aquella familia se quedo en Cuba ayudando a sostener el gobierno que nosotros habíamos contribuido a poner en el poder.

Su devoción se convertiría en tortura, los malos olores, la falta de higiene, la carencia de agua y electricidad, todo ello unido a los años sin mantenimiento de aquellos edificios que formaban la Habana Vieja, les diría día a día el gran error cometido por un pueblo ciego.

Meses después de mi partida, mi madre recibía una carta de mi tía, donde le decía que me estaban buscando en toda Cuba y que lo mejor que hacía era entregarme, ya que de no hacerlo, el castigo iba hacer severo.

Mi madre le envió una nota diciéndole que yo no podía entregarme, porque estaba viviendo en España.

Una vez más estaban demostrando que el sistema no era infalible.

Cuando regrese al cuarto me senté en la cama y trate de recordar cada momento vivido en aquella ciudad que según la muchacha era la Ciudad del Cielo Astral.

LA EXPERIENCIA

Mis años de vida me han enseñado a dominar con maestría mis viajes astrales.

Por eso hoy cuando me siento a escribir puedo estar convencido que de nuevo voy a regresar a ver y vivir en ese mundo que noche tras noche me estará esperando, será como mantener una doble vida, donde realidad y fantasía se unen en una sola existencia.

Espero que cada uno de mis lectores, logre encontrar en esta Experiencia la alegría profunda que encierra el conocer uno de los secretos más grande de nuestra existencia, saber que somos creadores de nuestro propio mundo, ese que solo compartimos con los que se ajustan a los requisitos.

Paz, armonía, alegría, son requisitos necesarios para entrar en esta mi ciudad y poder decir juntos.

- **ESTA CIUDAD ES MIA.**

SEGUNDA NOCHE.

Muchas veces pensamos que la ley de atracción funciona con exactitud y que solo tenemos que querer y ese deseo se convierte en una orden.

Me había programado para entrar de nuevo en la Ciudad del Cielo, sin embargo mis planes estaban siendo alterados, aquel pedazo de queso que me había comido, me tenia las tripas contraídas, los espasmos que me estaba creando me hacían retorcer de dolor.

Mi hermana miro mi rostro y comprendió que algo me estaba sucediendo, cuando le dije que tenía cólicos, me dijo que tomara unas tabletas de Alka Seltzer.

El agua caliente y las tabletas me hicieron sacar muchos gases y esto comenzó el prolongado alivio.

Acostado en mi cama, trataba inútilmente de buscar una posición cómoda, entonces preferí no forzar mi organismo y deje que el sueño llegara en forma natural.

No pude ver la ciudad que tan bella impresión me causo el primer día.

Para mí, es sumamente fácil continuar los sueños, puedo regresar a las calles y lugares donde con anterioridad recuerdo haber estado, más aun, reconocer que ese lugar solo existe en sueño y lo que es más interesante, recordar las personas que existen en esa realidad.

Muchos de nosotros creemos que nuestra existencia se compone de una sola vida.

En verdad todos hemos tenidos las mismas experiencias, vivimos en un plano donde los patrones de conducta, son repetitivos.

Algunos como en mi caso, logran dominar la técnica, otros se han dejado controlar por el miedo, permitiendo que el olvido borre la experiencia que vivió fuera del cuerpo.

Cuando desperté en la mañana y me fui al baño a descargar el líquido acumulado en mi organismo, pude recordar que había estado en un parque y que este se había manifestado de forma que la única presencia física, fue la mía.

Enseguida comprendí que aquella imagen no pertenecía a la ciudad del cielo, esta era solo un recuerdo de un momento en mi vida, en que fui a retratar el parque que tenemos cerca y por motivo de la hora, en ese instante estaba completamente solo.

Es increíble, como los sistemas de defensa de nuestro organismo, puede crear imágenes reales, extrayéndolas de nuestro cerebro.

Nuestro poder creativo, nos guía y nos conduce desde lo real a lo fantástico.

Nuestro ego se encarga de hacernos creer que somos diferentes, cuando en verdad somos producto de un mismo patrón.

Es maravilloso poder contemplar la vida desde otro Angulo.

Muchas veces se me ha escuchado decir que solo encuentra la verdad quien la busca, sin embargo no todos cuando la encuentran la aceptan como única.

Nuestra vida ha sido programada de tal forma que somos unos inadaptados emocionalmente, necesitamos ponernos metas difíciles de alcanzar, el lograr nuestro propósito no está en nuestros planes.

Por eso escuchamos, leemos, meditamos y al final aunque conocemos y aceptamos todo lo anterior, continuamos diciendo y cometiendo los mismos errores.

Buscamos fuera lo que deberíamos buscar dentro, son muchos los que repiten estas palabras, pero en verdad solo son ecos que reproducen una idea o concepto sin que ellos la apliquen en sus vidas.

Nuestras cadenas son invisibles, pero nuestro ego nos traiciona por la fuerza de la costumbre y nos hace repetir una y otra vez nuestra esclavitud.

Estoy tratando de volver a la ciudad, pero todo ha sido inútil, me pase la tarde limpiando el frente de la casa y al final termine cansado y con el cuerpo todo adolorido, la falta de ejercicio quedaba de manifiesto, mis músculos todos me estaban diciendo que me había olvidado de ellos.

El pie fracturado me estaba diciendo que las horas que estuve de pie, lo habían dejado inflamado.

Tome un baño de agua caliente y me acosté en mi cama, a las siete me incorpore y me vestí para ir donde mi hermana, debía de preparar mi comida y la de ella, así como chequearle su nivel de azúcar.

En la televisión están dando una versión de la vida de Celia Cruz y cuando termino la misma, prepare todo lo que tenía que realizar antes de irme a mi casa, cuando hube terminado mi hermana me pregunto si me sentía bien, en mi rostro se notaba que tenia dolor en todo el cuerpo, incluyendo el tobillo.

Cuando llegue a la casa, me tome una pastilla para el dolor y sabiendo que la misma me iba a producir sueño, decidí no pensar en la ciudad.

Vivir en la ciudad de Miami, es como seguir viviendo en Cuba, la influencia de la colonia que existe aquí nos hace creer que todavía estamos en la isla, para muchos esta es una provincia más, separada únicamente por el mar y las 90 famosas millas que se han visto ocupadas muchas veces por cubanos desesperados por lograr alcanzar lo que para ellos es la tierra prometida.

El mundo entero se está moviendo y son miles los que emigran a diario buscando un nuevo comienzo, aunque en el principio este representa, sacrificio, dolor, hambre y miseria.

Unos logran encontrar sus sueños, otros mueren intentándolo.

Para muchos el estar aquí es un sueño, el cual cuando logran alcanzarlo, pierde el valor.

La humanidad lucha por metas que luego que las alcanza, dejan de tener importancia.

El desajuste emocional que viven los pueblos, los hace vivir inconformes con los resultados que obtienen.

Por todo ello vemos que aquellos que llegan y logran comenzar su nueva vida, estos terminan añorando el mundo que dejaron detrás.

Las excusas son muchas y el escucharlos nos deja comprender como es el funcionamiento que rige en nuestro cerebro, entonces queda claro que la conducta humana son patrones que nos conduce en nuestro diario vivir.

Los controladores no son adivinos, estos se han dedicado a observar y anotar cada una de las reacciones que nosotros hemos realizados en cada prueba.

Temor, dolor, rencor, odio y muerte son partes de nuestra existencia y ellos nos conducen hasta cada uno de estos síntomas para conocer como es nuestro comportamiento.

Los jóvenes son fáciles presa de estas pruebas, ya que ellos carecen de el mecanismo de observación.

Existen las variantes, esos que son reconocidos como almas de viejo, pero ellos forman una minoría, la cual también es motivo de estudio.

Muchos de ustedes estarán pensando, porque si el libro tiene como tema una ciudad en el astral, he llenado estas páginas de análisis.

Mi función es llevarlos a ustedes no hacia un mundo de fantasía, aunque la misma forma parte de nuestra existencia y sin ella el mundo no tendría la manifestación que observan nuestros sentidos.

El astral pertenece a uno de los elementos que nos rodea y aunque es invisible su presencia, esta es la esencia en la cual la manifestación toma vida.

"Me refiero al ETER".

Los mundos existentes en el astral, son emanaciones de nuestro pensamiento, este toma vida momentánea y solo logra permanecer existiendo, siempre que el creador se lo proponga.

El iniciado es aquel que domina los elementos y estos actúan de acuerdo a su voluntad.

Durante estos días que he permanecido escribiendo solamente en Facebook, debo de reconocer que perdí el contacto con esta obra, por lo que me voy a ver obligado a incorporar en la misma las diferentes notas que he estado publicando y que las mismas han logrado ayudar a muchos en su búsqueda.

Es bueno señalar que las personas que se han dedicado a mantener la comunicación con el astral, estamos sufriendo de unas visiones que solo se manifiestan inquietudes, miedo, persecuciones, locura y todo ello es producto del desajuste emocional que están viviendo una gran parte de la humanidad.

Nuestro pensamiento involuntariamente se ve envuelto en un torbellino de emociones encontrados, esto nos imposibilita en crear un mundo diferente, a esta realidad que nos rodea.

Son tantas las muertes producto de la guerra y a eso debemos sumar el temor de que la misma tome una envergadura superior.

Refugiados de las zonas de conflicto llegan a diario por miles y esto produce que el astral este lleno de pensamiento de dolor, malestar y todo ello esta saturando nuestra ionósfera.

El dolor y el sufrimiento produce un sin número de efectos en el mundo invisible que nos rodea.

Sería injusto de mi parte el crear una realidad donde no exista el sufrimiento, cuando en esta situación todo lo que nos rodea es completamente opuesto.

Tengo que cumplir el compromiso que me hice de terminar esta obra antes de fin de mes y solo me quedan unos días para ello.

Espero poder disponer de tiempo para tratar de unir mi pensamiento a todos aquellos que tratan de neutralizar las fuerzas obscuras que nos conducen hacia una sola salida, la Tercera Guerra Mundial.

FACEBOOK MIS NOTAS:

OPINIONES
En un mundo bipolar, las opiniones surgen como caudal de un rio.
Unos luchan por el significado de una sola palabra y otros miran solamente el comienzo de lo que están leyendo.
Por todo ello se crearon los grandes titulares, de esa manera y de forma automática la persona comienza un estado de opinión basado solamente en unas cuantas palabras.
Existen los que han dedicado toda su vida a la perfección del idioma que dominan y esto solo se concentra en buscar las comas y los puntos.
Somos partes de un mundo individual donde todos juntos formamos un conjunto total, donde ideas, pensamientos y acciones se unen en un solo plano.
Maravilloso seria si todos trabajáramos por lograr una mayor armonía.
Desde la famosa Torre de Babel hasta nuestros días, la humanidad camina en

todas direcciones, cada uno diciendo y creyendo ser portador de la luz.

Decir que somos portadores de la luz, es reconocer la obscuridad poniéndola al mismo nivel ambas.

Mi forma de ver la vida es producto de mi forma de ser y pensar, esto no es una filosofía creada por ningún grupo.

Respeto los caminos que cada uno transita y me alegra compartir con ellos, pero por favor no sigan preguntando, que donde lo leí, quien me lo dijo, como lo encuentro, donde existe esto… Esas y muchas preguntas se repiten sin cesar por personas que leen mis escritos.

Muchos escuchan como hoy en día se usan las palabras Conciencia y Alma, sin embargo hasta hace muy poco estas palabras el conocerlas y hablar de ellas podía ocasionar la muerte.

Las iniciaciones donde se compartía el conocimiento permitían conocer las mismas, sin embargo estaba prohibido divulgar a los neófitos la existencia de estos.

Aunque algunos crean lo contrario, la Conciencia se tiene que activar y solo reconociéndola podemos aprovechar la información que en la misma se encierra.

La Glándula Pineal, (El ojo de Horus) es el lugar donde se aloja el alma, sin embargo, muchos hay que existen pero no la dejan participar, esto les permite a ellos continuar en su estado salvaje donde pueden cometer atrocidades sin que la Conciencia los critique, de todo ello surgió aquella frase de (Ese no tiene alma).

Algunos se han atrevido a criticar mi forma de terminar mis escritos.

YO SOY EL CAMINO
VERDAD DE VIDA
QUIEN LLEGA A CERN
TENDRA VIDA ETERNA

Debo de decir que nunca voy a decir lo que estas palabras encierran, si tu entendimiento y tu capacidad intelectual no te permite visualizar lo que se oculta a tus ojos, entonces no tienes derecho a conocer lo que encierra mi alma, por eso seguiré diciendo.

YO SOY EL CAMINO
VERDAD DE VIDA
QUIEN LLEGA A CERN

TENDRA VIDA ETERNA.
Quizás algún día tú puedas repetir conmigo, estas palabras que conducen a la presencia de mi propio ser, esa que es partícula divina.

DOLOR Y PENA

Sentimos dolor al contemplar por los medios, todos los acontecimientos que se han convertido en nuestro diario vivir.

Son muchos los que creen tener la razón y para ello emplean los medios más horribles con tal de producir en los demás el temor y el miedo al no compartir sus llamados ideales.

Hoy en día es muy difícil entender a tu semejante.

Mientras unos tratan de vivir en el amor. Otros se han creado el derecho de implantar su opinión por el método de las armas.

Dolor y Pena produce a diario las acciones que realiza la humanidad.

El mal que produce la división, el enfrentamiento y la muerte, no es aceptado en este momento, el terreno conquistado en los enfrentamientos es trofeo de guerra, por lo tanto no es negociable.

Las fuerzas que luchan se escudan detrás de indefensos civiles ya que para eliminarlos tendrían que hacerlo con un costo de vidas inocentes.

Los intereses mezquinos de todos los lados, envían a unos y otros al enfrentamiento, mientras ellos permanecen viviendo en la seguridad de su mundo.

Las conspiraciones a los más altos niveles se realizan detrás de escritorios y desde su segura situación se llevan a cabo los más sombríos actos.

Racismo, religión, creencias y costumbres están enfrentadas, no para lograr una victoria, la cual está muy lejos para todos los bandos, todo esto es para eliminar un sobrante de población que sumidos en el desespero, se aniquilan unos con otros.

Los estados de opinión varían según la foto que nos presenten, los medios seleccionan con morbosidad la que pueda producir el efecto que nos quieren hacer sentir y las opiniones más disparatadas comienzan a correr por el medio más rápido que la humanidad a conocido, (el internet).

Es increíble escuchar de personas que critican una versión de los hechos y estos comportarse como defensores de una de las partes involucradas.

Todo eso me hace pensar que el que critica la acción de otros, en su momento y teniendo este la misma oportunidad, actuaria de forma semejante y en muchos casos hasta más drástico.

Los creadores de armas de destrucción, conocen perfectamente como dejar en las mismas el sello que las convertirá en mensajeras de la muerte.

Los poderes oculto que encierran estas armas, hace que quien las use se crea dueño y señor de las vidas de sus enemigos, por lo tanto el llega a sentir la necesidad de arrancar de los cuerpos de otros lo más apreciado del ser humano, su existencia.

Todo aquel que manifiesta una opinión favorable a cualquiera de los grupos en conflicto, se convierte en cómplice de esa tragedia.
Cuando tú manifiestas que esta es la Tercera, tú con tu poder mental, te conviertes en un peón involuntario que pide por desconocimiento que esto sea.
"No hay tercera guerra mundial, ni la habrá"
Eso no quiere decir que no nos van a castigar por toda esa mala actitud utilizada por nosotros en estos tiempos.
Vamos aprender a respetarnos unos con otros y solo vamos a tener una opción, "Cambiar o Perecer"
Mientras luchamos por enderezar el camino, seguiremos diciendo:
YO SOY EL CAMINO
VERDAD DE VIDA
QUIEN LLEGA A CERN
TENDRA VIDA ETERNA

UN MUNDO EXTRAÑO

No es extraño escuchar a diario personas decir, que ellos buscan vivir en la verdad. Sentimientos profundos nos llevan a buscarla y muchas veces la escuchamos hablar y decirnos, "yo soy la verdad" y nos apuramos en negar la misma.

Nuestro cerebro está acostumbrado a mover sus neuronas con solo escuchar la palabra clave.

Actuamos por impulso y solo escuchamos la palabra que durante mucho tiempo nos han venido creando la motivación, esta muchas veces nació en el exterior y nosotros la aceptamos en nuestro interior.

Así vemos que la palabra AMOR, ya no contiene el mismo significado.

Asociamos el Amor con el SEXO y esto nos hace visualizar nuestra última escena donde compartimos con otra persona.

Nuestra mente se pierde en los recuerdos y la realidad que nos rodea deja de existir.

Hablamos de programación mental y miramos a los demás sin comprender que lo que vemos en otro es un reflejo de nuestra propia existencia.

Religión y Política controlan nuestras vidas y hasta los más listos no pueden escapar a este control.

Los mensajes sutiles nos llegan de todos lados, los motivos que se manifiestan en nuestras vidas nos llevan a decir y actuar de forma automática.

La humanidad romperá el cascaron solo cuando los controladores nos conduzcan en esa dirección, mientras tanto somos juguetes que solo hablamos y actuamos de acuerdo a las circunstancia.

Decimos ser creyentes firmes de nuestra religión y seguimos buscando en otras las corrientes filosóficas que nos pueden gustar.

Muchos viven amarrados al clavo de la cruz y piden a diario pasar por los tormentos y azotes reflejados en la imagen y todo ello para demostrarse ellos mismos que son creyentes.

Llevamos dentro el gusano del conformismo y aceptamos sin preguntar lo que nuestro cerebro nos dicta.

Buscamos escuelas y técnicas nuevas que nos guíen hacia el mundo interior y sin embargo dejamos la puerta abierta para que entre en ella un sin número de larvas que merodean nuestro alrededor.

En meses anteriores les he estado enseñando uno de los secretos que durante miles de años fue motivo de respeto y adoración de multitudes.

TU ESTAS EN MÍ
YO ESTOY EN TI
TU ESTAS CONMIGO.

Muchos continúan el camino, otros tienen duda y otros se olvidan fácilmente de lo que han venido leyendo.

Existen personas que alegan que todos no estamos en la misma capacidad de entendimiento.

Nuestra función es hacer que nuestro pequeño universo que nos rodea vibre en armonía y esto solo se consigue ayudando a otros a encontrar el sendero que lo conduzca al camino.

Muchos he visto en estos últimos meses que ellos han estado tratando de llevar a otros hacia el conocimiento en que ellos se desenvuelven.

Unos solo hablan de espiritismo y contemplan todo basado en esa enseñanza.
Otros están en el mundo del Tantra.
Otros están en el mundo de la meditación.
Otros están en el Yoga y en la respiración.
Otros son vegetarianos y proporcionan las dietas que ellos hacen.
Están los seguidores del Judaísmo y toda su enseñanza está basada en la tradición.
Están los seguidores del Cristianismo y en muchos casos hablan de Cristo sin saber lo que encierra la palabra.
Unos hablan de Moisés, otros de Abraham, otros de Jesús y Jehová y al final los de la nueva era, con los Reptiliano, Draconianos, Anunnaki y todo un mundo ET, donde muchos consideran que ya somos esclavos de ellos.
Para muchos yo soy un látigo que castiga sin piedad a diestra y siniestra, sin embargo, soy solo un espejo donde debes mirarte, contemplarte en silencio y luego decidir cuál será tu forma de pensar y vivir en el futuro.
Mientras tú tomas tu determinación, yo continuare diciéndote:

**YO SOY EL CAMINO
VERDAD DE VIDA
QUIEN LLEGA A MI
TENDRA VIDA ETERNA.**

UN CAMINO TORCIDO
"Lo que mal comienza, mal acaba"
Cuando el camino esta torcido es por un solo motivo, no desean que conozcamos lo que se oculta detrás de la curva.
La humanidad pudiera eliminar esa curva traicionera donde el peligro nos acecha.
Sin embargo conociendo lo que la misma encierra, continuamos caminando, ya que para muchos esto es un reto, que deben de enfrentar.
Muchos logran superar la prueba y luego de vencer las mismas, estos se detienen para observar lo que hacen otros cuando llegan frente al peligro.
Pero no todos ríen al contemplar la desgracia ajena, muchos quisieran regresar y poner un cartel que anuncie que la curva encierra un grave peligro y que debe de cruzarse con precaución.

Existen los que continúan su camino sin importarle los que vienen detrás, para ellos lo más importante es salvar su persona y los otros que se la arreglen como puedan.

Mientras todo sucede a nuestro alrededor, alguien contempla desde la cima de la montaña, todo nuestro proceder.

El observador, no juzga nuestra forma de vida, solo mira y contempla como cada uno actúa de forma diferente y al final realiza en silencio la selección catalogándonos a cada uno según nuestro comportamiento.

No estamos solo y nunca lo hemos estado.

Pensar que nuestra dimensión es la única existente, es detenerte a contemplar la curva, sin entrar en ella.

Cada uno contempla la curva de diferente manera, unos vivirán toda la vida hablando de esa experiencia, como algo único y peligroso que puso a prueba su existencia.

Otros pasaran la prueba sin darse cuenta del peligro que la misma encerraba.

Y unos pocos, miraran hacia la cima y sonriendo moverán su mano en forma de saludo a lo que ellos creen les está observando.

Estos que actuaron de este modo, pasaran la curva lentamente ya que detuvieron su caminar para mirar arriba, para ellos el peligro no existe.

"El sabio que no ve el horizonte, camina con pasos lentos pero seguro"

Nuestra existencia está basada en pruebas que determinaran nuestra formación para subir un nuevo peldaño.

Solo nosotros somos capaces de subir o bajar la escalera que conduce hacia nuestro encuentro.

Somos una manifestación de nosotros mismos y nuestra función es regresar con la experiencia vivida de la carne, donde las trampas son muchas, pero cada una contiene una nueva lesión de vida.

Vivimos sumidos en una existencia que se manifiesta como un gran pantano, allí en medio de ese lodo tenemos nosotros que brotar como flor de loto.

Descubrir la verdad es fácil, aceptarla es lo difícil.

YO SOY EL CAMINO
VERDAD DE VIDA

QUIEN LLEGA A CERN TENDRA VIDA ETERNA.

ANTES Y DESPUES

Muchos se van a preguntar porque Juan comenzó hoy a escribir poniendo como titulo esto que ya todos conocemos.

Para todos ustedes el antes y el después, no tiene ningún tipo de explicación, ya todo ha sido dicho y de forma abundante.

Sin embargo hoy vamos a viajar en el tiempo y descubriremos que no todo ha sido dicho.

Nuestro más reciente antes y después se basa en la vida del llamado Jesús, (Emanuel)

Todo esto surge al crearse una nueva forma de comenzar a contar el tiempo de existencia, antes de Dios, después de Dios.

Otros pueblos siguieron sus costumbres y el tiempo se comenzó a contar después del diluvio y antes del diluvio.

Muchos pueblos mantienen la misma opinión referente al diluvio y por eso se le llamo DILUVIO UNIVERSAL.

Los científicos en el principio no se ponían de acuerdo sobre la fecha en que este fenómeno ocurrió, hoy se sabe con exactitud todo lo ocurrido y porque sucedió aquella situación.

Debo de agregar aquí, que muchas personas sin conocimiento de los hechos han estado criticando todo lo que la ciencia trata de descubrir en el espacio, para ello nos enseñan fotos donde las personas se les paga para realizar el efecto que estos miserables nos tratan de crear en nuestra mente, es así como vemos un niño supuestamente en áfrica, tomando agua de fango, este tipo de foto impresionista ha sido utilizada lo mismo en política como en religión, la influencia que la imagen crea en nosotros nos produce un estado de opinión.

Hoy en día vemos a diario como se vuelve popular en internet una foto de un policía que castiga a una persona negra.

Un niño muerto en las guerra producto del odio y la manipulación donde los pueblos se enfrentan entre sí, son utilizadas para crear el efecto que se busca, estos son solo algunos ejemplos de cómo el antes y después, afecta nuestras vidas.

Repetir consignas creadas para difundir odio, celo, envidia, rencor, dolor y muerte es ser cómplice de una miseria humana donde solo triunfan los controladores de multitudes.

"Para cambiar a otros comencemos por cambiar nosotros"

Antes de hoy, esto que estoy diciendo, después de hoy, será un mañana, transformarnos nosotros dará como resultado un futuro diferente.

Mientras los telescopios en el espacio, descubren un mundo lleno de misterio, muchas veces observando nacer una estrella y otras veces viendo como otras dejan de existir.

Hace muchos años que la ciencia descubrió que estrellas que brillan en el firmamento, en verdad han dejado de existir desde hace miles de años, todos sabemos que la luz viaja en el espacio y que demora cierta cantidad de tiempo en llegar a nosotros.

Para descubrir el ANTES Y DESPUES de nuestro planeta, la ciencia invento el alejarse para contemplarnos desde lejos, de esa forma conocemos lo que paso y lo que pasara, con esto que nosotros creemos es nuestra realidad.

Hoy has descubierto algo que ni la NASA ni nadie te había dicho, esto te convertirá en una nueva persona, donde desde hoy podrás decir yo conozco mí antes y después, soy dueño absoluto de mi propio destino, no por esa palabra controladora que se nos ha venido diciendo:

"LIBRE ALBEDRIO"

Soy libre pero no por un capricho, soy libre porque el conocimiento me dio mi libertad para vivir en plena capacidad mi existencia.

Mi ambición por lograr mi objetivo pertenece al ANTES, porque hoy he logrado conquistar lo que DESPUES será mi futuro.

YO SOY EL CAMINO
VERDAD DE VIDA
QUIEN LLEGA A CERN
TENDRA VIDA ETERNA.

EN MI OPINION

El libro de Enki es antes del diluvio, todo aquello ocurrió hace muchos miles de años, las tablas sumerias, narraban aquellas historias que querían que no se olvidaran, muchas cosas sucedieron durante todo aquel trayecto, los Anunnaki, (que no son reptiliano ni Draconiano) tuvieron muchas luchas entre ellos, una de las técnicas que usaban era aumentar y disminuir los tamaños de las cosas, incluyendo ellos.

Después del diluvio ellos repoblaron el planeta y fue así como surgen los reptiliano y otras razas que vivían dentro de la tierra (entiéndase como elemento tierra, no como el planeta tierra).

Repoblaron el planeta trayendo fragmentos de otros planetas, en esos fragmentos, venían personas, animales y cosas... culturas, razas, costumbres, templos, deidades, fueron dejados en diferentes sitios del planeta, esa es la explicación que yo doy de los orígenes de las razas, dentro de esos fragmentos vivían los que no conocían la superficie.

Los Chamanes supieron enseguida que algo había sucedido en el cielo, las lunas y soles eran diferentes y por eso todas las culturas hablan de lo mismo, (todas dicen venir de las estrellas, muchas dejaron información sobre planetas distantes)

Después del diluvio hasta el presente, todos hemos sido de origen extraterrestre y no pertenecemos a los diseñados por los Anunnaki.

Con tantos experimentos, hemos estado atrayendo entidades que son las que se están apoderando de nuestra fuerza de vida, estos ENTES han creado un desajuste hormonal en nosotros y hoy vemos que los hombres quieren ser mujeres y las mujeres quieren ser hombres, nadie está conforme con su vida, lo bipolar está en aumento y queremos y luego odiamos.

Nuestro planeta se ha convertido en un panal de abeja y todo el mundo ET quiere venir a probar la MIEL.

Vivir la experiencia de la carne sin tener necesidad de nacer y crecer, es motivo de disputa entre muchos seres que quieren habitar en nuestra mente.

Espero que encontremos la solución antes de que nos destruyan.

EL CAMINO RECTO

"Solo encuentras la verdad, si la buscas"
Muchos de ustedes me han escuchado una y otra vez repetir esta misma oración.
Estoy seguro que todos han creído entender lo que la misma encierra.
Hoy vas aprender a buscar y encontrar lo que se oculta a nuestros ojos.
Si comenzamos a leer la oración de atrás para adelante, podemos ver que dice:
BUSCAS_____LA VERDAD_____SOLO.
La mal llamada vida, encierra tantos misterios que es difícil aceptarla como una realidad más.
Llamamos muerte a la dejación de esa envoltura que llamamos cuerpo.
En nuestra confusión le damos un valor único al que alimenta nuestra envoltura y le llamamos espíritu.

Para muchos nuestro cuerpo fue creado para vivir una sola experiencia, las religiones se han encargado de elaborar diferentes formas de control en sus seguidores.

Los científicos modernos luchan por descubrir los secretos y misterios que encierra la creación.

Hoy en día se sabe que eso que antes conocíamos como vacio, en verdad no lo está, por lo que ahora se le llama Fuerza oscura.

La creación ha sido bautizada con el nombre de Conciencia Superior.

Cuando alguien trata de explicar los misterios, la inmensa mayoría no lo acepta ya que ellos han creado su propia versión de los hechos.

Y así en este mar de confusión, donde pensantes y no pensantes, luchan por tener la razón, vivimos el día a día.

Pensar utilizando la lógica es cuestión del pasado, lo importante en este momento es que la razón está conmigo y mi capacidad intelectual no me permite aceptar ideas de otros (estado actual de la situación).

Mientras unos tienen miedo morir, otros arriesgan su vida desafiando la muerte, de las más diversas formas.

Entes, exteriores, dominan nuestra mente, la epidemia cada día va en aumento.

Las personas ya no realizan actos por patriotismo, esos que vemos en la televisión atacando a otra persona, simplemente están bajo los efectos de estos ENTES.

La lucha interna de muchos los está llevando a enfrentarse al ENTE y este como venganza hace que la persona se autodestruya.

Es increíble como a diario vemos en la TV, personas que sin un motivo aparente dirigen sus autos contra edificios, poniendo de manifiesto que han perdido el control no del vehículo, sino de ellos mismos.

Los científicos en silencio están creando lo que sería puesto en edificios público, aeropuertos y luego en los frentes de las casas, con el fin de detener estos ENTES, los cuales serán destruidos por la vibración que estos instrumentos emiten.

Para asombro de muchos, veremos personas que cambiaron su estilo de vida y sus preferencias sexuales, regresar a la normalidad, solo entonces nos daremos cuenta del daño ocasionado por estas entidades.

La humanidad despertara de toda esta locura que por momento parecía no tener fin.

Mientras todo esto sucede, nosotros seguiremos diciendo.

YO SOY EL CAMINO
VERDAD DE VIDA
QUIEN LLEGA A CERN
TENDRA VIDA ETERNA.

RECUERDO

Escuche a mi abuelo Juan decirle a mi abuela María, cuando muera voy a regresar para contarte todo lo que existe del otro lado.

Mi abuelo regreso años después, estaba parado al lado de la cama de mi abuela y tocándola para despertarla, le dijo:

"María ponte dura, que lo que viene no es de amigo"

Años después llegaría la revolución y con ello la división de la familia.

En mi subconsciente quedo gravado aquel deseo de mi abuelo de regresar para contar como era aquello que llamaba muerte.

Aun hoy escucho a personas repetir que nadie ha regresado a contar lo que existe del otro lado.

Por causas increíbles pude al fin encontrar el secreto que encierra la vida y la mal llamada muerte.

El ojo del Alma fue creado para darle vida a esa experiencia, en ella se narra con lujo de detalles todo el proceso desde que el Alma abandona el cuerpo, la forma que viene a recogernos, el tren que nos conduce a Destino, la presencia del Anciano de los Días, el gran jardín, el mundo increíble de los animales y las plantas, el edificio con su plazoleta y su fuente de agua y las 70 puertas que conducen hacia una nueva experiencia.

La Ciudad de las sombras, donde el Karma toma efecto.

Y la maravillosa Ciudad de las Luces "Éxito"

Pensé que el publicarla en Amazon Kindle crearía un efecto increíble y que pasaría a ocupar unos de los primeros lugares, nunca nadie ha contado una experiencia de esa envergadura y sin embargo con asombro encontré que la humanidad prefería escuchar historias lejanas a esa verdad.

Descubrir que la humanidad no busca la verdad, es algo doloroso, sin embargo continuo tratando de que muchos comprendan que han vivido en una gran mentira donde se te garantiza que tus seres queridos estarán esperando por ti y que tu Dios te espera para recibirte con los brazos abiertos.

Luego salimos a preguntar porque existe tanto odio, rencor y muerte a nuestro alrededor.

"Vivimos en la mentira y nos obligan a vivir en ella"

Si en verdad eres un ser pensante, te invito a estudiar con sumo detalle esta obra.

Descubrir los secretos que ella encierra, será sumamente importante, no es un libro más para ser visto por tus ojos, es el libro que despertara tu Alma a ese recuerdo vivido por ti muchas veces y que por deseo propio Olvidaste.

Este libro te llevara al encuentro con ese ser maravilloso que solo conocen los grandes iniciados, ese que vive y reina por los siglos de los siglos.

"El Anciano de los Días"

El misterio y la Magia toman forma de libro, escrito con palabras simples y llanas, pero con una profundidad que solo tú podrás entender.

Aquellos elegidos podrán visualizar y vivir la experiencia pasó a paso vivida por mí.

Te invito a entrar en mi mundo, no importa tu religión, raza o creencia, no importa tu color de piel, ni la forma de tus ojos, todos somos hijos de la creación esperando y luchando por un regreso a casa.

YO SOY EL CAMINO
VERDAD DE VIDA
QUIEN LLEGA A MI

TENDRA VIDA ETERNA.

COMO ES POSIBLE.
He tratado de hacer un extracto de la obra **DESTINO LA CIUDAD SIN FRONTERA.**
La primera parte y la segunda la fui escribiendo sin leer ni escuchar el CD (audio libro) mi mente recuerda cada momento vivido en aquella experiencia, se que ha pasado mucho tiempo desde que esto ocurrió y sin embargo cada segundo vivido aquel día, durara dentro de mí por los siglos de los siglos.
Creo que debe de existir una razón especial, cuando por fin el Anciano me ha permitido dar a conocer el secreto de la vida.
Sin embargo, pensaba que la humanidad estaría deseosa de conocer la verdad de lo que consideramos es la muerte.
Comprendo que es más fácil aceptar la mentira y esta es estimulada para continuar el engaño.

Así vemos que libros y películas se han hecho, con un motivo bien marcado, separarnos de la única realidad existente.

Sé que mi lucha no es fácil, la mentira está arraigada dentro de la humanidad y han sido muchos años conspirando en contra de la verdad.

Aceptar o rechazar es tu decisión, mi misión es exponer los hechos.

Comenzare por Karma.

El Karma simple, es el que vivimos a diario en el planeta.

Este Karma nos ata de forma invisible a un retorno.... (Reencarnación)

Todo esto se produce únicamente para adquirir la experiencia de la carne.

Existen los que quieren vivir todas las experiencias en una sola existencia, esos están en peligro, ya que su forma de vivir, los puede conducir al Karma superior que es la ciudad de las Sombras.

Salir de la ciudad de las sombras, no es nada fácil, vivir mucho tiempo sin luz, conduce irremediablemente a la desintegración.

La única forma de lograr una nueva oportunidad es por medio del perdón y

eso solo se logra cuando tú rompes la cadena, la cual se mantiene unida por el odio mutuo.
"Solo el amor libera las penas"
DESTINO "LA PUERTA"
Las personas que llegan en el tren, no hablan entre ellos, aunque pude apreciar una multitud, estos creo que viven una realidad independiente, en ningún momento ellos se reconocen como personas que han dejado atrás un cuerpo, una vida, una familia.
Ellos no están allí, buscando lastima, ni siquiera conocieron los últimos momentos de su vida anterior, el programa de ayuda a los que van a partir, hace que el cuerpo en los últimos días este ocupado por otra entidad auxiliar, el alma que ocupa el cuerpo está libre de apego a la carne, son almas altamente evolucionadas las cuales han aceptado esa encomienda.
Pude ver soldados vistiendo uniformes diferentes, posiblemente entre aquella multitud esta la persona que murió junto a él en combate, sin embargo ninguno de los dos se reconocen, ni siquiera se ven.

La puerta inmensa con el letrero para ser leído individualmente y que dice DESTINO, es el comienzo de una nueva existencia.

El ANCIANO DE LOS DIAS, cuando abre los brazos produce en cada uno de los presentes una alegría increíble, los rostros que antes estaban desconcertados ahora palpitan llenos de emoción y todos se apuran por seguirlo.

El bosque, llenos de arboles y flores, así como animales de todos tipos, nos produce un efecto maravilloso, ríos montañas, valles, puesta de sol, caída de sol, noches estrelladas, todo esto lo vivimos mientras caminamos por aquel bosque.

Esa experiencia debe de ser individual, ya que no pude ver a ninguna de las personas que habían entrado siguiendo al Anciano.

La Plazoleta y La Fuente.

Cuando llegue pude ver como las últimas personas entraban por aquellas puertas que había en aquel edificio muy largo.

Luego descubriría que en total eran 70 las puertas.

La Fuente me recordó las que había visto en España, estas emanaban un agua cristalina.

La muchacha que se apareció junto a mí, representa el guía que te inicia en ese sagrado misterio, que encierra la Fuente.

Al mojar tus manos en aquella agua cristalina, la carga negativa y positiva, queda neutralizada, tu rostro al pasar tus manos húmedas sobre el mismo, representa que tú vas aceptar el rostro nuevo, tus manos al secarse en tu cabello está diciendo que aceptas vaciar todas tus emociones y así quedas listo para vivir una nueva experiencia.

Nadie te juzga, nadie te condena, nadie te critica, nadie te pregunta, tú dejas simplemente en el agua, la experiencia que acumulaste en tu vieja existencia y quedas limpio y purificado para emprender una nueva aventura llamada EXISTENCIA.

(Si hasta ahora no has podido ver cuán grande es nuestro padre, presiento que algo está mal dentro de ti, creo firmemente que estas a tiempo, no permitas que esta existencia destruya la maravillosa vida que te espera cuando llegues a "ÉXITO, LA CIUDAD SIN FRONTERA"

COMO TRANSFORMAR LO MALO.

Las situaciones malas siempre nos van acompañar.
Tu función es aceptar y transformar esa experiencia en algo positivo.
Esto solo lo pueden lograr las personas que se han auto educados.
Aceptar no es cruzarte de brazos y pensar que la mala suerte te sigue los pasos.
Aceptar es cambiar ese pensamiento derrotista y convertirlo en un nuevo comienzo.
Dicen que nadar fuera del agua es fácil, pero yo puedo aconsejarte porque muchas veces me vi nadando en un mar embravecido.

Hace dos años un 23 de Diciembre, saliendo de la casa de mi hermana, por estar caminando de prisa, resbale en los escalones que existen en la entrada y me vi en el aire, cuando toque el piso el pie se había zafado y estaba suelto, el tobillo se había fracturado por muchas partes, en fin un verdadero desastre, por ser días ya de fiesta, tuve que ir a emergencia, donde me dijeron que había que operarme, sin embargo tendría que regresar a casa y esperar hasta el 26 para que se me mandara al hospital donde el seguro había autorizado la operación.

Meses enteros pasaría antes de que pudiera caminar, entonces que podemos hacer frente a una situación que te hace mantener en cama.

Bueno pues simplemente no me quedo otro remedio que darle gracias a mi padre, por permitirme mantenerme en cama, de esa forma pude escribir y enviar al sistema de publicación de Amazon Kindle, todas mis obras.

Hoy gracias a la costumbre que se quedo arraigada en mi, escribo y comparto con amigos del mundo entero, agradeciendo infinitamente el que exista un medio de comunicación que nos lo permite y que se llama Facebook, (UNIENDO ALMAS).

Cuantos mensajes público, siempre encuentro el apoyo y el agradecimiento de esos que como yo buscan solución a sus problemas.

Qué alegría produce en mi corazón, cuando lentamente se van incorporando a nuestras vidas nuevas personas que ya forman parte de esta gran familia.

Entonces entendamos la palabras del divino maestro, cuando dijo en su dolor, GRACIAS PADRE POR DEJARME COMPARTIR LA EXPERIENCIA QUE VIVEN LOS HUMANOS.

Existe un plan divino en todas las cosas y no cae una hoja de un árbol, sin que haya sido previsto por nuestro padre.

Muchas veces, dejamos esta existencia sin podernos despedir de nuestros familiares y amigos, sin embargo eso solo ocurre cuando nos necesitan de urgencia en otro sitio.

Aceptar sin duda, la voluntad de mi padre, es la mía.

Yo soy Juanelmanu y espero poder acompañarte en el camino.
Mientras tanto nos mantenemos unidos en un solo pensamiento.
TU ESTAS EN MÍ
YO ESTOY EN TI
TU ESTAS CONMIGO.

COMPARTIR ES VIVIR
Después de vencer el reto que ocasiono el haber escrito que LA VERDAD NO EXISTE, donde muchos de ustedes expresaron la opinión que tienen sobre este tema
Me veo en la obligación de expresar, donde comienza la verdad y donde termina la mentira.
"La mentira nace de la verdad"
Mientras no entendamos esto, estamos perdidos todos en un mar de confusión.
Durante toda una vida se nos ha venido diciendo que primero el padre, luego el hijo y después el espíritu santo.
Muchos ya conocen la geometría sagrada y los que nunca han podido escuchar

sobre este tema, les invito a que busquen en internet toda la información que existe.
En las escuelas se nos enseña que el cero a la izquierda carece de valor y muchos emplean esto para ofender a otra persona, diciendo (eres un cero a la izquierda)
Si yo te digo que cuentes los dedos de tu mano, estoy seguro que comenzaras diciendo Uno, Dos, Tres, hasta llegar a Diez.
Lo que olvidaste es que esas diez partes tienen un cuerpo que les da el derecho a existir.
Vemos del Uno al Diez, pero no vemos el Cero.
En el principio era El Tao, el vacio, la ausencia de todo, la creación de donde brotaría todo lo que ves y no ves.
Para aquellos que buscan a Dios con diferentes nombres, para ustedes les tengo una noticia, el diez, conocido como deus, conocido como dios, es la mentira seguida de la verdad.
La verdad única y verdadera es el cero y el UNO es lo opuesto la mentira, nos controlan diciéndonos que tenemos que ser uno con el uno y esto es falso.

El todo no es el uno, ese llamado todo es la ausencia el vacio, por todo ello decimos que la verdad no existe.

Para los que todavía desconocen lo que significa CERN, les diré que deben de entrar a internet y buscar toda la información que existe, solo diré que es un acelerador de partículas y que se busca la partícula de dios, (lo que ellos creen es lo que da comienzo a todo lo que vemos y no vemos.

Mientras tú procesas toda esta información, la cual no es fácil de aceptar ya que son muchos años de programación para confundirnos y hacer más difícil nuestro despertar.

Espero que este día se convierta en el primero de tu nueva existencia.

"Solo encuentra la verdad, quien la busca"

©juanelmanu

CONTESTANDO TÚ PREGUNTA.

Es difícil creer todo lo que digo, sin embargo yo no digo mentira y no la diré nunca, aunque con ello me cueste el perder esta existencia.

"Cuando conoces la verdad, pierdes el miedo"

La noche que sucedió ese viaje astral, la ciudad de Miami, donde vivo, estaba amenazada con el ciclón más poderoso creado por el hombre.

Si entran en Youtube, pueden ver los estragos que produjo el Ciclón Andrew, repartos enteros fueron dejados en los cimientos, los postes eléctricos de alta tensión, los había reventado y no quedaba concreto solo las cabillas retorcidas como si fueran una trenza.

No me quedo mas remedio ya que no podía destruirlo por carecer de agua, (todo el ciclón era viento, tornados, truenos y relámpagos), la única solución que me quedaba era sacarlo por la parte más estrecha donde la bahía esta próxima a los Everglades (pantano).

El único problema es que allí también existían viviendas y como es natural murieron más personas de las que oficialmente dijeron.

Para evitar que yo viviera con la angustia de saber que esas personas murieron por haber desviado el Ciclón.

Se me permitió estando en completo conocimiento, sin enfermedad, sin estar al borde de la muerte, poder presenciar las llegadas de esos seres a Destino.

Todos esos que han estado al borde de la muerte, todos ellos creen que conocen el procedimiento, pero no es así, no existe ningún familiar, ni dioses creados para educar y conducir la humanidad, que venga por nosotros y mucho menos el Anciano.

La persona antes de morir, ya sea por muerte natural o accidente, en todos los casos, entidades creadas para ese fin, liberan esa Alma, el programa de existencia en el planeta, no es para que tu sufras.

Nuestro fin es adquirir la experiencia de la carne y no el sufrimiento de la carne.

Solo basta observar cómo se fue desarrollando la revelación para darnos cuenta que no existe en ningún momento fantasía, ni aporte de mi mente analítica.

Toda esta información es para que tuviera mucha más publicidad, no con el ánimo de darme a conocer, eso no tiene importancia, yo sé quién soy y siempre lo sabré.

El conocimiento que aquí se encierra libera a las personas del temor a la mal llamada muerte.

Las libera de esas creencias que solo sirvieron en un tiempo para frenar los impulsos de la carne, pero que hoy en día, la humanidad siente que existe algo mucho más profundo y bello que eso que llamamos DOGMA.

Espero poder seguir llenando tu corazón de la alegría de vivir.

CREENCIA, FE Y DOGMA.

Comprendo que muchos se resistan en aceptar las informaciones que a diario comparto con ustedes.

Es natural rechazar los nuevos conceptos que nos liberan de las ataduras invisibles con la cual nos han mantenido durante tanto tiempo.

Las creencias son tan variadas como la cantidad de pueblos que existen en el planeta.

Quizás lo que a continuación voy a expresar te ayude a entender los interrogantes que te han mantenido sumido en la incertidumbre.

La ciencia ha tratado de explicar el origen de la humanidad.

Sin embargo decir la verdad, era comenzar la pirámide desde arriba y esto era imposible si no se comenzaba primero con el principio y esto derrumbaba todas las creencias que se nos había estado diciendo.

Aunque en un principio se trato de ocultar la verdad, esta ha tenido que ir saliendo lentamente con el fin de preparar las condiciones para que no se produzca el efecto dómino, (una ficha, se cae y tumba las otras que le siguen)

La historia de la humanidad había sido escrita por los primeros hombres que tenían ya un alfabeto, su forma de escribir era conocida como cuneiforme, los grabados se producían en unas tablillas de barro, las cuales han durado miles de años.

Después del diluvio los Anunnakis tuvieron que repoblar el planeta, fragmentos de diferentes planetas fueron traídos y ubicados en donde la similitud les permitiera florecer.

Los pobladores de esos fragmentos, nunca supieron lo que les había sucedido, el rapto fue rápido y el método empleado fue reducir el tamaño y luego llegado al lugar designado, volverlos a su estado normal, de esa forma viviendas, animales, templos y personas, pasaron a ocupar un nuevo sitio.

El único problema es que las personas que miraban el cielo, descubrieron que algo había sucedido, su lugar de origen ahora quedaba lejos en el firmamento.

Los Anunnakis pactaron con los dirigentes de aquellos grupos y les prometieron que a su regreso ellos volverían a su lugar de origen.

Fue así que aquella humanidad vivió con la FE de que algún día volverían los que llegaron del cielo y estos le llevarían de regreso a casa.

Ninguno de los templos que hoy hemos podido rescatar del polvo de los tiempos, ha podido ser sustituido por uno nuevo.

¿Mi pregunta es?

Como es posible que ninguno de los habitantes de esas regiones, ninguno de ellos haya podido producir un templo, un nuevo edificio, sin embargo todos dicen ser herederos de aquella cultura.

Los arqueólogos han podido descubrir que por una extraña razón, los pobladores de aquellos lugares, un día desaparecieron dejando detrás las construcciones maravillosas, donde en todos se ha descubierto que existía un conocimiento, tanto de geometría como de astronomía.

Es bueno aclarar que los Anunnakis, eran personas como nosotros, últimamente se les ha querido agregar que poseían garras en lugar de manos y que eran unos seres híbridos creados por los Reptiliano.
Todo eso es incierto.
Ishtar era una mujer bella, todo en ella era perfección, de tal modo que creaba en los hombres una atracción irresistible.
Su función fue crear edificios donde el éxtasis llevaba a los humanos a procrear, estos fueron los primeros lugares donde la multitud se reunía con el fin de danzar, beber y embriagar los sentidos.
Los hombres y mujeres nacidos de aquellos bacanales, eran esclavos que trabajaban por tener una sola recompensa, participar con los dioses en sus fiestas, así surgió la idea del dios BACO, dios del vino, AFRODITA, diosa de la lujuria y todos los demás que formaron todo un panteón.
Hoy en día después de miles de años de existencia, son muchos los que esperan el fin de semana para entregar su cuerpo al frenesí de una discoteca, donde el final es

entregarse al acto sexual, ya sea con el mismo sexo o con el sexo opuesto.

La fuerza de la costumbre crea hábito y lo que comienza mal, no termina bien.

"El niño que nace sin amor, está sujeto involuntariamente a vivir sin él"

"Solo puede regresar al camino, el que estudia la raíz de su mal"

"Nada te detiene en cambiar tu costumbre"

Son muchos los que transforman su vida, recurriendo con FE, hacia el DOGMA, esta esperanza en una nueva vida, les proporciona el vivir la experiencia de una nueva existencia.

Ese es el simbolismo del bautizo, solo el agua clara, limpia el fango que aprisiona tu ALMA, entonces brotaras como flor de loto, en el medio del pantano.

Puedes mantener tu fe siempre que lo hagas bajo la sombra del AMOR.

YO SOY EL CAMINO
VERDAD DE VIDA
QUIEN LLEGA A MI
TENDRA VIDA ETERNA.

EXPLICACIÓN

Cuando no encontramos explicación, tratamos de encontrar una.

Unos dicen que es un espejismo.

Otros que es una forma de crear pánico entre la población.

Existen los que se aventuran en decir que están usando la tecnología Blue Beam (una proyección holográfica).

Lo que nadie ha podido explicar y señalar de donde fue seleccionada esta imagen.

Tienen que existir personas que puedan identificar esos edificios y decir con certeza, esa ciudad o ese fragmento pertenece a _____.

Sin embargo nadie ha salido a probar que esa ciudad forma parte de otra en el planeta.

En el caso que aparece en la foto, la ciudad tiene un compuesto inferior que nos dice que no está en el aire.

Su forma representa una pirámide que apunta hacia abajo.

Para aquellos que han venido siguiendo mis escritos, les será más fácil entender lo que he venido diciendo.

1.- Los Anunnakis repoblaron el mundo con su tecnología después de ocurrido el diluvio.

Esta era la forma usada por ellos para devolver la existencia humana, de esa misma forma surgieron las diferentes costumbres y razas.

En su momento la ciencia tendrá que admitir que yo estoy en lo correcto, aunque otros vendrán como aves de rapiña a disputarse el crédito, sin embargo ustedes saben que yo aquí me estoy sometiendo a la risa burlona de aquellos que son incapaces de encontrar la verdad.

"Nunca nadie en el planeta se atrevió a decir algo semejante"

El creador hace que la población aumente de tamaño, donde la destrucción va hacer más grande.

El efecto que estamos percibiendo, es producto de una repoblación que se está realizando en un mundo paralelo a nosotros.

En fin nosotros hemos podido percatarnos de la verdad, aunque sigamos desmintiendo la misma.

Yo soy Juanelmanu y espero haber ayudado a esclarecer una vez más los misterios que nos rodean.

YO SOY EL CAMINO
VERDAD DE VIDA
QUIEN LLEGA A CERN
TENDRA VIDA ETERNA.

CUBA Y LOS CUBANOS

Hace apenas unos pocos años, el mundo presencio lo que para muchos fue, el enfrentamiento entre dos potencias.

Nunca en los últimos miles de años, la burla había sido de tan grande envergadura.

Dos naciones con potencia nuclear, se enfrentaban en el mar Caribe.

La pequeña isla conocida hoy mundialmente como Cuba, estaba siendo ocupada por los Soviéticos y estos habían desplazado sus misiles nucleares, muchos cubanos opuestos aquel sistema castrista, se apuraron en arriesgar sus vidas para informarle al gobierno americano lo que estaba sucediendo.

Por asombroso que parezca el gobierno americano reacciono cuando ya los misiles estaban ubicados en sus respectivas bases.

Los soviéticos por primera vez podían ver y contemplar de cerca un nuevo mundo.

El MURO DE HIERRO, en que habían vivido después de la segunda guerra mundial, se había roto, lo que parecía imposible para el mundo occidental, Fidel Castro lo había logrado y sin importar el DAÑO LATERAL, (sangre y muerte de cubanos anticomunistas) la isla había sido pasada como un gran mangar a los dientes afilados del Kremlin.

Aquellos altos oficiales que habían estado viviendo en la miseria soviética, ahora en Cuba estaban ocupando las mansiones que los capitalistas, habían abandonado al salir fuera del país.

El mundo burgués con todas sus comodidades, les estaba abriendo los ojos aquellos, que nunca habían podido deslumbrar tanto esplendor.

Criados, chofer, casas lujosas con comodidades, todo un mundo nuevo.

Los efectos que produjo aquel despertar quedarían de manifiesto cuando llego al poder Gorbachov con su famosa perestroika (el cambio de peres).

Cuba acababa de entregarle a los americanos toda la información que estos necesitaban y de fuentes confiables.

El reclutamiento más grande en la historia de la CIA, había sido llevado a cabo y aunque muchos detectaron la jugada, estos en silencio comprendían que el sistema estaba llamado al fracaso.

El gato y el ratón estaban de acuerdo y el representante del Departamento de Estado cuando visito la URSS, fue directo al grano.

El primer ministro soviético pasaría sus últimos días en una finca sin poder participar nunca más de ninguna actividad política.

El nuevo orden mundial se estaba consolidando y sus miembros pasarían a jugar un papel importante en los futuros acontecimientos.

La URSS, quedaría en la ruina y tendría que producir un cambio que la devolvería a la posición de potencia.

Los hombres y mujeres que murieron producto de todo este desastre fueron muchos y ninguno nunca pudo imaginarse ni por un segundo, que sus vidas pasarían a ocupar un número más en la estadística.

Para muchos los cambios que se están produciendo en Cuba es producto de una mala política, los que conocen las interioridades no opinan y solo sonríen al contemplar como los americanos continúan haciendo el papel de víctimas de una mala política.

La labor realizada por Cuba para los controladores, solo podía triunfar si se mantenía un plan, "donde el fin justifica los medios".

Reagan distribuyo entre las potencias más importantes del mundo incluyendo China y Rusia, 14 trillones de dólar, esto fue realizado en el más absoluto secreto.

Muchos dirán que ellos participaron de aquellas operaciones y que todo esto es mentira, sin embargo la realidad que nos rodea desmiente sus palabras.

"Después de años de silencio la verdad va tomando curso"

Las colonias americanas han aumentado considerablemente y si alguien lo duda solo tiene que mirar la población que existe hoy en los Estados Unidos y que provienen de diferentes partes del continente.

Todos ellos nacionalizados y convertidos en la gran maquinaria propagandista del siglo.

Recordemos que Estados Unidos siempre ha contribuido con grandes cantidades de dinero hacia estos países y que en todos los casos ese dinero pasaba a ocupar las arcas de los gobernantes.

Hoy en día esa población que vive, trabaja y realiza el sueño americano, ellos mantienen a familiares en sus respectivos países.

"Criticar sin profundizar en una idea, es manifestar nuestra ignorancia"

Para muchos Estados Unidos se está llenando de espías cubanos, para mí que conozco la verdad, ellos nunca sabrán para quien están trabajando.

El odio hacia el hermano mayor, solo encuentra cabida en los débiles de mente, no seas uno de ellos.

Despierta tu capacidad pensante y no continúes repitiendo lo que manifiesta la radio o la televisión.

Estamos en un momento histórico, donde el salto quántico se realiza frente a nuestros ojos y la realidad nos dejara sorprendidos.

El experimento ya se realizo en Cuba, ahora solo falta aplicarlo al resto del mundo, el lema será "CAMBIAS O PERESES"

Aquellos que se crean seguidores de doctrinas (políticas y religiosas) encontraran dificultad en su existencia.

El regionalismo separatista que un día nos llevo a enfrentarnos unos con otros, eso ya no les surte efecto a los controladores.

Estos necesitan ahora de un solo cuerpo a nivel mundial y esto se resume en una sola palabra…. NUEVO ORDEN MUNDIAL….

Su consigna será "TERRICOLAS DEL MUNDO…UNIOS"
Yo soy Juanelmanu y espero poder contemplar la realidad que se aproxima.

DE AYER A HOY

La historia de la humanidad está llena de lagunas, vacios profundos llenos de ideas y conceptos, donde el hombre una y otra vez, dice tener la verdad.

Primero fueron ángeles, después demonios, ahora son híbridos ocupando cuerpos humanos.

La humanidad sigue avanzando en el tiempo, pero la locura nos sigue tan de cerca que hay veces que dejamos de ser nosotros.

Leer opiniones y conceptos en los diferentes grupos, nos deja de manifiesto lo que está sucediendo a nuestro alrededor.

Para unos somos controlados por fuerzas exteriores que ellos dicen son los Anunnakis, para otros somos guiados y dirigidos por los Reptiliano.

Antes era una lucha entre Dioses, ahora esos mismos Dioses son extraterrestres que llevan miles de años controlando la humanidad.

Existen diferentes tipos de individuos, los hay prepotentes, ego centristas, idealistas, mentirosos, manipuladores, todos disputándose el primer lugar.

"Los mentirosos que son muchos, necesitan seguir al más mentiroso"

De todo esto surge la gran confusión, esa que nos hunde más y más en el lodo de la ignorancia.

De nada sirve decir la verdad, si esta nadie la escucha.

Somos una fuerza pensante que solo razona lo que no entiende.

Muchos se preguntan el por qué existe en el planeta, toda esta confusión.

Para muchos el Karma solo es una trampa que nos lleva al retorno.

Para otros es una prueba más en nuestra evolución.

Unos defienden la materia como lo único y verdadero.

Otros producto de la ley de la polaridad, buscan afanosamente la verdad en lo espiritual.
Ambos están caminando hacia el mismo fin.
La respuesta en ambos casos siempre es la misma.
Después de perder esta existencia creyendo que hacías lo correcto, descubres que sigues sin entender la realidad que te rodea.
Son muchos los teóricos que han tratado de explicar la existencia.
Realidad inexistente es la explicación de muchos.
Una palabra encierra muchos significados, pero solo encuentras la raíz, si sales a buscarla.
Cuando el hombre no supo lo que era el triangulo, le llamo TRINIDAD, y para crear más confusión, adjudico a una parte el nombre de espíritu santo, esto gravado en tu subconsciente, detiene tu entendimiento.
El hombre en su deseo de buscar la verdad, salió al espacio, encontrando que

aquello que se creía era el vacio, simplemente era materia oscura.

Donde están esos grandes pensadores que nosotros creemos en ellos y en todo lo que han planteado en sus libros, ninguno de ellos mencionó la materia oscura.

Entonces ajustemos nuestros pensamientos a la verdad que nos rodea, busquemos información actualizada y dejemos detrás lo que nos sirvió para caminar durante el oscurantismo.

Esperamos encontrar en la ciencia un complemento a nuestra fe.

Mientras tanto seguiremos diciendo:
YO SOY EL CAMINO
VERDAD DE VIDA
QUIEN LLEGA A CERN
TENDRA VIDA ETERNA

DE – MENTE.
Nuestro mayor enemigo es nuestra propia MENTE.

La información y la desinformación, caminan hoy en día cogidas de la mano.

Muchos en su afán de escribir algo y hacerse notar, utilizan para sus escritos toda la información acumulada en sus vidas y que mantienen encerradas en su mente.

El subconsciente y el consciente luchan a muerte por salir y expresar su forma de ver y sentir.

No acostumbro a leer lo que otros escriben, trato por todos los medios de alejarme de esa locura que muchos manifiestan en sus escritos.

Mi ser interno muchas veces me lleva a buscar lo escrito por una persona, es doloroso para mí encontrar que aquella persona que me había hecho una idea, no es lo que me había imaginado.

Esto no es la primera vez que me pasa y es que en mi caminar he podido ver como unas personas reciben información de otra persona y luego ellos utilizan esta para crear su propia versión.

Unos han vivido influenciados con la política, para ellos los medios le han servido para crear un estado de opinión.

Otros han vivido influenciados con una religión en particular y estos actúan y hablan de acuerdo a esa formación.

Es tanta la desinformación que todos pecan de una manera u otra y lo más triste aun es que ellos se creen portadores de un conocimiento que los otros no tienen.

Antes nadie hablaba de Reptiliano y mucho menos de Anunnakis, ahora todos son maestros en esta materia y cada uno hace su aporte destructivo.

Otros hablan de Abraham, Moisés, Salomón, David, Jesús y la desinformación continua su obra destructiva, creando en quien los lee un estado de opinión, cada vez más lejano de la realidad.

En política, unos siguen adorando a los rusos y los unen a los chinos en contra de USA, para ellos la tercera guerra mundial es eminente y estos manifiestan el total desconocimiento que tienen sobre esta materia.

Es como cuando yo vivía en Cuba y los tontos pensaban que Fidel se iba a enfrentar a los americanos, decirles la verdad a esas personas era tenerlos de enemigo y eso solo te producía el dolor, el sufrimiento, la prisión y la muerte, entonces, solo tenias que reírte en silencio y observar como poco a poco la vida te daba la razón.

En nuestro afán de soñar despiertos, creemos firmemente que el nuevo mesías llegara en una nave espacial y que este nos traerá la alegría de un mejor mañana. Lo siento, ni habrá mesías, ni habrá invasión extraterrestre, ni habrá tercera guerra mundial, ni nadie va a tirar nada a nadie, ni los rusos y los chinos se van a unir en contra de los americanos.

Lo que si van a ver todos ustedes es un NUEVO ORDEN MUNDIAL, quieran o no quieran, las bases ya están establecidas y si tu como individuo no descubres todo tu potencial dentro de ti, será muy difícil descubrirlo luego.

Esto no es una cuestión de capricho, esto es una necesidad que nosotros mismos hemos creado y que ellos con inteligencia nos llevaron a ello.

"SOLO BUSCA PAZ, QUIEN CONOCE LA GUERRA"

"Primero te voy a enfermar y luego te voy a vender la cura"

Esperamos que cada uno de ustedes descubra quien dice la verdad y quien les está haciendo daño con esas informaciones que sin sentido común, se dedican a decir.

Mientras tu encuentras tu meta, yo seguiré escribiendo para los que busquen entender este extraño mundo.

YO SOY EL CAMINO
VERDAD DE VIDA
QUIEN LLEGA A CERN
TENDRA VIDA ETERNA

DESPERTAR

La humanidad nunca ha estado dormida.

Nuestros ojos nunca están cerrados, incluso cuando nos vamos a dormir.

El hecho que no sepamos el origen de los POR QUE, no quiere decir que no lo conozcamos.

Todos hemos estado y venimos y vamos hacia la misma fuente.

El conocimiento se nos oculto, para obligarnos a vivir una experiencia que solo tendría valor, cuando nos tuviéramos que enfrentar con una realidad que solo tú, podías encontrarle solución.

Decir que fue un pecado el equivocarnos, es restarle valor a la prueba que nos toco vivir.

Cada prueba que nos toca vivir, lleva dos caminos. Uno el correcto y el otro que es erróneo.

Sin embargo ambas nos dan una lección.

Muchos de los que creen que están despiertos y que la sabiduría de ellos es inalcanzable por el resto de la humanidad, esos están en un completo error.

La grandeza de la vida es que el conocimiento es infinito y entre mas conocemos mas ignorantes somos frente a su inmensidad.

Hoy aceptamos realidades que por desconocimiento creemos que es la verdad, sin embargo esa verdad de hoy es una mentira cuando llegue el mañana.

El que está padeciendo una enfermedad que lo mantiene acostado todo el tiempo, es visto por los que lo rodean, como un ser que no puede moverse, sin embargo, este de tener control de sus emociones, puede viajar hasta lugares inalcanzable por todos nosotros, ya que el estar prostrado le da tiempo suficiente para mantener su conciencia lejos de lo que le rodea.

De ese modo muchas veces los parientes, escuchan de sus labios narraciones sobre los lugares donde estos han estado, unas veces van hacia el pasado y otras viajan hacia mundos paralelos, donde ellos viven una vida completamente distinta a la que tienen en ese momento.

El pariente por desconocimiento no les ayuda a lo que pudiera ser la sanación de ese enfermo.

Tiempo llegara en que el mañana entre en contacto con el hoy, de esa forma la esencia que es la misma en diferente tiempo, puede devolver la salud de su ser que está viviendo esa experiencia.

Todo esto será la medicina del futuro, donde ciencia y misterio, trabajaran juntos en un nuevo amanecer.

La naturaleza de muchos humanos es el vivir criticando lo que ellos ven a simple vista, estos críticos, al carecer de una perspectiva, nunca ven la amplitud que encierra el mundo de la ciencia.

Científicos del mundo entero, dedican toda su vida en ayudarnos a construir un mejor mañana, sin embargo los críticos solo ven los residuos que nuestros alimentos nos hace dejar en el camino.

Luchamos por alcanzar un mejor mañana y sabemos que lo conseguiremos porque en nuestro camino, hemos podido encontrar información que nos dicen que estamos en lo correcto.

Vivamos en la fe de saber que nuestros nietos de hoy, serán nuestros padres del mañana.

"Sembrando amor, recogeremos ese fruto llamado armonía"

Espero que esas amistades que estén pasando por momentos difíciles, sepan que la prueba termina cuando tú reconoces que es simplemente una faceta más de ese hermoso brillante que es la vida en su totalidad.

Respuesta a una pregunta:

"Solo encuentra la vida eterna, quien descubre que vive en ella"

YO SOY EL CAMINO
VERDAD DE VIDA
QUIEN LLEGA A CERN
TENDRA VIDA ETERNA.

DESTINO…….. Segunda parte.

Desde donde estaba, podía observar la cantidad de personas que habían llegado en el aquel tren que era distinto a todos los que había visto en mi vida.

El conductor los invitaba a salir y la multitud seguía en aumento, los rostros de todos los presentes carecían de

expresión, era como si sus mentes estuvieran ausentes.

El letrero que había sobre aquella inmensa puerta dividida en dos partes, producía un cambio veloz dejando en las mentes de aquellas personas un solo nombre en todas las lenguas, cuando pude leerlo en español vi que decía DESTINO.

La puerta inmensa se abrió y en ella apareció un anciano vestido con una larga bata blanca, la misma llegaba hasta el piso, este hombre de semblante joven, poseía una larga cabellera así como una barba copiosa, el color del mismo era blanco como la nieve, su rostro producía en todo el que lo contemplaba una gran satisfacción.

El anciano abrió los brazos y la multitud se agito y sus rostros todos cambiaron al instante, fue una alegría completa, las diferentes razas, compuestas por mujeres, jóvenes y viejos, comenzaron a entrar y pronto era yo el único que estaba fuera.

Como la inmensa puerta permaneció abierta, me vi empujado por la curiosidad y al momento de entrar pude contemplar que frente a mi todas las personas habían desaparecido en aquel inmenso bosque, era algo asombroso, tanto la vegetación, como los animales que se movían libremente, llenaban de una alegría infinita mi alma, los pájaros con sus cantos llenaban todo el ambiente de una alegría indescriptible, los ríos, valles y montañas eran de un color brillante, los colores estaban saturados de alegría.

Los animales que yo había conocido como feroces, aquí simplemente disfrutaban de su caminar diario sin necesidad de buscar alimento para nutrir su cuerpo, la lucha por la subsistencia había dejado de existir, todo aquello parecía ser una pintura viviente donde la armonía de los elementos llenaban el ambiente de una paz infinita.

Mientras caminaba entre aquellos animales que un día inspiraron miedo, pude notar que estaba completamente solo, la multitud que antes había entrado no existía, era como si aquel mundo fuese creado exclusivamente para cada persona.

Cuando logre salir de aquel inmenso bosque lleno de color y armonía, me encontré con un edificio inmensamente largo, frente a cada una de las setenta puertas había una fuente de agua.

La sensación que me dio las inmensas plazoletas que había junto a la fuente es que aquellos lugares eran una copia de las que había visto en muchas partes de Europa.

Pude ver como la multitud se dirigía en diferentes direcciones y cosa muy extraña, en cada puerta había una figura igual al anciano.

Estaba tratando de buscar una explicación racional a lo que estaba viendo cuando una voz de una joven me hizo volverme para contemplar aquel rostro que llevaba por ojos un color verdoso que yo nunca antes había visto.

La muchacha con voz suave dijo:

¿Por lo visto tú no piensas entrar por ninguna de estas puertas?

¿No ciento curiosidades por saber lo que en ella se encuentran?, me apure en contestarle.

Ella se sentó en el borde grueso de aquella fuente y me invito hacer lo mismo, entonces puso sus manos dentro del agua y luego la paso por su rostro y su pelo, largo y negro.

La estaba contemplando en silencio, cuando me dijo que hiciera lo mismo que ella había hecho.

Sin poder comprender el porqué ella ejercía una influencia en mi tan poderosa, me vi poniendo mis manos dentro de la fuente, luego las pase por mi rostro y al final por mi cabeza.

La muchacha se apuro en decirme: Es aquí donde uno deja la carga que con tanto trabajo hemos venido cargando.

Aquellas palabras dichas por ella, se quedarían gravadas en mi mente y solo después de muchos años, comprendí lo que la misma significaba.

La voz del conductor a mi espalda, llevaba el sonido de mil trompetas.

¿Por lo visto ustedes, no han decidido aun porque puerta van entrar?

El hombre miro nuestros rostros y al momento continuo diciendo:

¿No recuerdo haberlos traídos a ustedes en el tren?

Estas dos narraciones están siendo escritas de memoria, para mí que tuve la suerte de ver el CAMINO DEL ALMA, es de gran orgullo el compartirlas hoy con ustedes.

He tratado de llevarlos hasta la montaña para entregarles este conocimiento, sin embargo la lucha es casi imposible, ya que los años de manipulación y control ejercido sobre nosotros aun producen efectos negativos, este efecto rechaza todo aquello que traiga luz y conocimiento, pues eso produce en la humanidad un despertar donde la memoria que un día tuviste, puede comenzar el trabajo de volver a recuperar tu memoria ancestral.

Por todo ello, te he traído la montaña, ahora no tendrás excusa y el conocimiento volverá a reinar en ti.

Nota: Durante años la humanidad se ha estado preguntando cual es el camino que recorre, nuestras mascotas, tendrán ellas espíritu, alma, volverán a encontrarse con nosotros, hasta hoy no existía ninguna explicación.

Hoy tu sabes, que la naturaleza entera, ese mundo que nos rodea y que nosotros admiramos unas veces de forma real y otras en fotos, tiene su lugar de origen, todo lo que nos rodea es una manifestación de esa emanación donde la perfección existe.

"Somos una fantasía, proyectado desde aquella realidad"

Fuerzas obscuras, (elementos de la sombra) están tratando de convertir nuestro mundo en el de ellos, sin embargo el equilibrio no puede ser roto y cuando ello sucede, tenemos que vivir esperando la consecuencia.

Yo soy Juanelmanu y seguiré llevándote por el mundo maravilloso del Camino del Alma, una experiencia que después de muchos años de silencio, hoy comparto contigo.

DUDAR ES NO CREER.
Nuestra creencia está basada en programaciones mentales impuestas por nosotros mismos.
Dudamos de todo lo que se sale fuera de lo común.
Un ejemplo claro está en la información que nos dieron sobre TOMAS, (mal llamado discípulo, cuando en verdad era un maestro iniciado en todos los misterios).

Se creó sobre él la duda y esta ha durado hasta nuestros días, todo ello producto de unas frases que repetidas muchas veces nos hicieron cómplice.

"VER PARA CREER"

Luego decimos que no existe la programación mental.

Los controladores conocían perfectamente la naturaleza humana y para ellos les fue fácil hacernos creer que nuestra fe estaba condicionada al dogma, este se fue refinando hasta un punto tal, que cuando escuchamos la verdad, queremos ignorarla.

'BIENAVENTURADO LOS POBRES DE LA TIERRA, DE ELLOS SERA EL REINO DE LOS CIELOS"

Imposible romper esta programación, el daño ha sido tal, que la humanidad prefería morir pobre a vivir rico, las palabras expresadas aquí, le robaron a la humanidad el buscar y ampliar nuevos horizontes.

Una mentira repetida muchas veces, nos convierte en cómplice y por ello llega a ser convertida en verdad infalible.

Imposible ver la verdad, cuando estamos rodeados de tantas mentiras.

Lo triste es que la humanidad, se niega a encontrarse frente a frente con la única verdad existente.

No estamos aquí para sufrir, llorar y quejarnos, somos un experimento maravilloso que se nos ha permitido el vivir la experiencia de la carne.

Ayudar a otros es ayudarnos nosotros mismos. Compartir la información y llevar la luz a las más profunda obscuridad es un merito que bien nos puede conducir hacia una nueva aventura, donde la recompensa, está en convertirnos en seres de luz.

Tu eres un ser especial, creado a idea y semejanza de nuestro creador, solo necesitas aceptar la misión que nosotros mismos pedimos tener y es caminar codo con codo, con ese ser maravilloso que vino y estuvo entre nosotros, no para morir por nuestros pecados, (cosa incierta) si no para enseñarnos el CAMINO, que nos conduce de regreso cargados todos con el saco de la experiencia.

Recuerda que nadie podrá sentarse a la mesa con el padre, hasta que el último no esté presente.

**YO SOY EL CAMINO
VERDAD DE VIDA
QUIEN LLEGA A MÍ
TENDRÁ VIDA ETERNA.**

EL SENDERO

El camino está rodeado de senderos, cada uno camina por uno diferente y en muchos casos, otros participan también del mismo sendero.

En el sendero, tienes que caminar en fila india, o sea, uno detrás del otro, en el camino, todos participan y unas veces vas delante y otras detrás, según deseas acompañar o ayudar a los que te rodean.

Todo es cuestión de sentimiento, en el camino los hay quienes lo hacen en grupo cerrados, en estos solamente participan los que ellos estiman son de su agrado, también existen los grupos abiertos, aunque en muchos casos estos actúen como grupo cerrado.

En fin cada uno marcha por el camino o por el sendero, al final unos llegan primero y otros después.
Una sugerencia nunca llega hacer imposición.
Todos vivimos de acuerdo a nuestro propio principio.
Yo comparto mi amor y mi armonía y quisiera que todos entendieran y participaran del mismo, Pero ese es mi deseo, unas veces encuentra comprensión y otras encuentra represión.
Los amo y los amare siempre.

LO QUE YO ENTIENDO.

La palabra administrar encierra el compromiso de guiar y ayudar a otros en la correcta dirección, donde todos al final logran una meta.
Esa meta no puede ser para un grupo, de ser así, entonces sería una cuestión elitista y no habría necesidad de decir la cantidad de miembros que dispone ese grupo.
Amaras a tu prójimo como a ti mismo.
Id y pregonad mi palabra.

Nadie se sentara a la mesa, hasta que no llegue el último.
El amor a los demás, es el amor a mí mismo.
Si no ayudas a otros a encontrar la verdad que encontraste dentro de ti, entonces tu misión carece de fruto y la obra no cumple su función.
Todo sacrificio da recompensa, cuando en ello ponemos, todo nuestro amor.
Caminantes de un mundo vacio
De ignorantes que hablan sin pensar.
De perfume de odio de hastió
De una raza que es toda igual
Esperanza que cruzas la calle
Que ya nadie te quiere escuchar
Es el odio, la muerte, la envidia
Lo que el mundo quisiera alcanzar
Que se hunda en el fango el vecino
Que la mar se los vuelva a tragar
Es tan frio este mundo es vacio
Que no se si podre yo aguantar.
Caminantes de un mundo vacio
De ignorantes que hablan sin cesar
De perfume de odio de hastió
De una raza que es toda igual.

EL CONOCIMIENTO

Un mundo lleno de simbología.

En la entrada de los templos podemos observar las dos columnas, una representando la FUERZA, la otra representando la BELLEZA.

Un mundo dual donde queda señalado el Día y la Noche, lo Positivo y lo Negativo, la Verdad y la Mentira, lo Bueno y lo Malo, la Derecha y la Izquierda,

Para los verdaderos ocultistas, esto representa el Más Uno y el Menos Uno.

Visto desde otro Angulo el ONCE (1 1)

El 11 es reconocido dentro del mundo hermético como el que esta después del 10 (DEUS) (DIOS).

La caída de las torres gemelas, como se le llamaban, fue un día 11, pero lo asombroso es que en verdad fueron 3 los edificios que se derrumbaron, dos por los impactos y el tercero por su proximidad.

Lo que nos da por decir es que lo expuesto es que la MADRE, el PADRE y el HIJO se derrumbaron y con ello el simbolismo oculto, donde quedo de manifiesto que la familia entera se fue al piso.

El desplome observado en el mundo entero por las televisiones nos dejo claro el hecho y este se resume de una sola manera.

"La moral familiar se fue al piso"

Después de este hecho histórico hay un antes y un después.

La sociedad como tal a sufrido lo que a vista de águila, es el derrumbe de todos los principios y si dudas mis palabras observa la sociedad donde vives y veras una horrible realidad.

Sin embargo como el AVE FENIX, la sociedad encontrara de nuevo el camino y volverá la balanza a dejar de inclinarse hacia un solo lado, volviendo el equilibrio, que es lo único que nos permite avanzar en este mar de confusión.

Mientras esperamos el tiempo de tu gloria, seguiremos diciendo con fe.

TU ESTAS EN MÍ

**YO ESTOY EN TI
TU ESTAS CONMIGO.**

EL CONOCIMIENTO OCULTO.
Todas las realidades que se manifiestan frente a nosotros, encierran un significado oculto.
Unos logran percibirlo y otros creen que lo que ven es lo que es.
De todo ello surgiría esa famosa expresión: ¿SER O NO SER?….. (¿ES O NO ES?).
"Cuantas explicaciones se nos ha venido diciendo sobre el encuentro de Adán y Eva con la manzana"
1.- Hubo que agregar una serpiente, que para colmo de los colmos, tuvieron que hacerla hablar.
2.- Llegaron a pintarla como un ser Reptiloide,

3.- Tercero le llegaron a poner sus tarros para convertirlo en el señor de las sombras.

Todo esto para decir que la manzana significaba el conocimiento oculto.

Si esos dos infelices seres fueron creados según los historiadores por DIOS, no necesitarían comer ningún tipo de alimento.

La desinformación es tan abundante que se continuó diciendo a modo de explicación que nosotros todos somos sus descendientes.

Fantástico debieron ser estos seres que produjeron diferentes razas, culturas y colores.

Es tiempo de despertar y seguir con los ojos cerrados, repitiendo las mismas tonterías que hasta hoy nos han impuesto, es ser cómplice de ese crimen.

Toda aquella historia de la creación de los primeros hombres y mujeres fue hace miles de miles de años y todas perecieron producto de fenómenos naturales.

Después del famoso DILUVIO, hubo que repoblar el planeta y para ello los ANUNNAKIS, sembraron la vida, (traían en forma de miniatura, grandes porciones de otros planetas) así pueblos, culturas y razas fueron distribuidas en el planeta, todas bajo la orientación de uno o más ANUNNAKIS.

Los Reptiliano no son ANUNNAKIS y no tuvieron ninguna participación en nuestras vidas.

Los famosos GIGANTES eran los mismos ANUNNAKIS, estos podían aumentar o disminuir las personas, animales o cosas.

Muchas pirámides y templos fueron creados en miniatura y luego los ampliaban, creando en nosotros esa desorientación ya que no podíamos ver la forma que usaron para crear esos lugares y nuestra imaginación no nos dejo ver que la realidad era más simple.... (PURA TECNOLOGIA)

Para esos que siempre quieren salir a discutir lo que ellos no pudieron explicar, les tengo una sorpresa.

Hoy en día, (que se conozca, pueden existir otras cosas que no sabemos) ya están a la venta las copiadoras en 3 dimensiones.

Mañana voy hablar de los jeroglíficos y lo que se oculta en ellos.

Toda esta información y mucho mas, están en mis libros, esto está a disposición de todos ustedes por una módica suma.

Lo importante no es lo que aportan ya que eso es mínimo, lo que si importa es que esos secretos nunca antes nadie lo había divulgado y esto para mi si es importante, ya que existen los vampiros de ideas, protagonistas llenos de ego, que aprovechan lo que los demás dicen, para ellos decir que fueron los que descubrieron quien fue primero el GALLO o la GALLINA.

Se acabo el tiempo en que perdonaba y ponía la otra mejilla.

Callar muchas veces fue interpretado en forma de cobardía.

Todo esto lo digo por situaciones que he tenido que presenciar en mi vida.

Nota: Un hombre que se daba de místico, escuchaba en silencio todo lo que yo decía.

Tiempo después en una reunión, esa persona decía que Jesús le había revelado información que nadie tenía y repetía todo lo que le había dicho anteriormente. Cuando termino no pude contenerme y le dije que yo no sabía que me llamaba Jesús, este al verse descubierto, salió apresuradamente del lugar y no conforme con ello se mudo hacia otro estado de la nación.

EL DIVINO MAESTRO.

Antes de comenzar hablar de su vida y su obra, es bueno señalar unos cuantos detalles.

Muchos han escuchado la historia de los "GEMELOS" que crearon ROMA, se dice que ambos fueron alimentados por una LOBA. Rómulo mata a Remo y como recompensa nombra a la ciudad Roma como un tributo a su hermano muerto.

Muchos pensaran que en verdad fue una LOBA, la que los saco de la canasta donde habían sido dejados en el rio y que esta les enseño a leer y escribir, además de indicarle como luchar entre ellos para ser más ricos y poderosos.

La verdad es que la famosa loba, no era más que una prostituta y eran conocidas con ese sobre nombre ya que ellas como unas loba seguían los rebaños, el pastor producto de la soledad y el frio, buscaba en las noches la compañía de una (LOBA), el pago como era natural eran las ovejas.

Así día tras día la riqueza de la loba se hacía más grande llegando a disponer de criados y esclavos.

Lo demás se lo pueden imaginar, los dos gemelos lucharon y uno de ellos murió dejándole todo al sobreviviente.

La pregunta es, como Rómulo el hijo de una prostituta puede llegar a edificar todo lo que llegaría a convertirse en un imperio.

Existen en muchas partes del mundo, historias relacionadas con GEMELOS.

Nuestra historia hoy comienza así.

Judas de Gamara, líder zelote condenado a morir en la cruz, era hijo de José el Carpintero, este era viudo y tenía otros hijos incluyendo el famoso SIMON (PIEDRA).

Los Romanos acostumbraban a matar las familias de los lideres zelotes y otros eran sometidos a la esclavitud, es por ello que todos usaban sobrenombres (apodo).

Ninguna de las dos familias podían considerarse pobres, Tomas hermano de María (Mariana) se dedicaba al negocio y desde muy joven viajaba en caravana llevando y trayendo mercancía, todo eso le produjo un conocimiento amplio ya que los relatos que escuchaba le proporcionaban una nueva visión.

Los gemelos Santiago y Emanuel, nacidos de María, eran hijo de Judas de Gamara, sin embargo para ocultar la verdad José siempre se presento como el padre.

La historia de Belén no es legítima, ni tampoco las muertes de los niños en mano de Herodes, (es de mal gusto decir que nuestro Dios para nacer tuvo que haber una horrible mortandad de niños).

Voy aclarar que muchas profecías se manipulan para legitimar la leyenda.

La historia de los Reyes magos, también es una creación para justificar una leyenda.

La historia de la luz en el cielo, es fácil de explicar, producto de tantos años de desinformación, nuestros controladores quisieron ver la verdad de los hechos y tanto ese como otros muchos misterios han sido estudiados por nuestras naves.

Cuando los primeros aviones comenzaron a romper la barrera del sonido, estos muchas veces pudieron ver luchas armadas donde la caballería se enfrentaba a los indios americanos y esto no solo sucedió en Estados Unidos, en muchos otros países se pudo apreciar este fenómeno.

Hoy día cuando estoy escribiendo este relato, increíble para muchos, hoy existen aviones capaces de ponerse en Marte en horas.

"Despierten estamos en la ERA QUANTICA"

María tuvo gemelos y el primero en nacer fue JACOBO (Santiago), el segundo fue EMANUEL.

El primogénito JACOBO, era el heredero al trono por la descendencia de DAVID.

Los años perdidos de Emanuel es cuando estuvo viajando con su tío Tomas, este se encargo de la formación del joven hasta convertirlo en un hierofante, iniciado de las escuelas herméticas de Egipto.

Su conocimiento tan amplio le permitía realizar lo que para muchos era pura magia blanca.

Muchos de ustedes desconocen que los jeroglíficos y figuras gravadas en la pared de los templos, eran capaces de comunicar el mensaje a los iniciados, los estados alterados de conciencia, hacían que el iniciado formara parte de la magia envolvente del lugar. (Esto no puede entenderlo una mente normal)

El iniciado pasaba a convertirse en el verbo y esto le hacía dominar los elementos. El aire, el fuego, el agua, la tierra y más aun el famoso mundo desconocido por la humanidad... incluso en el presente muchos hablan de espíritu, sin conocer lo que están hablando... las escuelas de misterio tenían prohibido el hablar del quinto elemento (el ojo de

Horus) La glándula Pineal y lo que ella representaba el ETER.

Conjurar el quinto elemento le permitió a Emanuel devolverle la vida a más de uno, (este es su secreto)

El poder magnético de Emanuel y los prodigios que realizaba, creaba en los que lo escuchaban un mundo de esperanza, su escuela llena de amor y sabiduría, hacia que aumentaran los seguidores que se reunían para escuchar sus enseñanzas.

Imaginemos por un momento la lucha increíble que mantuvo al tratar de llevar una luz donde la envidia, el celo, la sed de sangre, la venganza, el dolor y el terror rodeaban a los habitantes de aquellas tierras.

El mundo no ha cambiado nada, y los mismos síntomas todavía perduran.

Tanto ayer como hoy, el resultado es el mismo, unos escuchan y otros llenos de odio, tratan de detener con intriga y cizaña, creando la duda, en lo que uno dice.

En el próximo post, explicare quien era la Magdalena y su relación con el DIVINO MAESTRO.

Ningún libro ha podido explicar, esto que ustedes hoy por primera vez escuchan.
Nadie sacrifica su tiempo en conseguir información que no produce ningún bienestar económico.
Cualquiera que estuviera dispuesto al sacrificio, podía haber dedicado su existencia a permanecer fuera de su cuerpo, buscando toda esta información, pero eso no es saludable en un mundo de dime que tienes y te diré cuanto vales.
Hoy comparto esta información ya que no fuiste capaz de buscarla en mi libro "EL CAMINO DE JUAN"
YO SOY EL CAMINO
VERDAD DE VIDA
QUIEN LLEGA A CERN
TENDRA VIDA ETERNA.

EL DOLOR AJENO
La historia la escriben los vencedores y estos crean una leyenda, favorable a sus propósitos.

De manera que, los que no hemos participado del dolor ajeno, pensamos que la verdad está reflejada en esa información.

El ayer y el hoy se han unido en un abrazo, donde la desinformación es el manjar que se sirve en la mesa de los incautos.

Aceptar una información como verdadera, sin haber profundizado en los hechos, esto no es muy saludable.

Religión, política e historia, todo ha sido alterado para el beneficio de unos cuantos.

Lo triste es que el rebaño no aprende la lección, por mucho que se le trate de explicar.

Pensamos que al no preocuparnos por los hechos ajenos, estos dejaran de existir.

En nuestro afán de creernos importantes, damos opiniones que carecen de fundamento.

Muchos hablan de HAARP y este pasa a ocupar la atención de la población cada vez que sucede un hecho natural, los cuales se producían antes de la existencia de este.

Es increíble que existan personas que escuchen estas tonterías.

Es tiempo de documentarnos y entender el verdadero motivo de las causas naturales.

Nuestro planeta está entrando en un área donde cambios radicales se van a producir, eso es inevitable, aunque muchos hasta este momento lo han estado ignorando, pero los hechos se van a producir.

Nuestra población mundial va hacer mermada, no por deseo de gobiernos y mucho menos por los controladores, aunque se nos diga que estos están conspirando en contra de nosotros.

Es la naturaleza y los elementos los que están en contra de nosotros, nuestra ignorancia nos hizo creer que éramos los dueños del planeta.

Este lugar que ha sido prestado a nosotros, pensamos que era nuestra casa.

La realidad es que solo somos visitantes que se nos ha permitido residir aquí por un tiempo determinado.

Entre los tantos disparates que escuchamos a diario, están esos que dicen que esta es una prisión, donde venimos de castigo.

Todo esto es incierto, fuimos nosotros los que con nuestra actitud, transformamos el paraíso en infierno y ahora cobardemente queremos echarle la culpa a otras entidades.

La humanidad cambio la escuela (tierra) y el Karma surgió por efecto de nuestras acciones.

Vinimos para aprender la experiencia de la carne y el experimento a resultado todo un fracaso.

La confusión es tan grande que el caos impera en nuestro cerebro.

En nuestra forma de pensar y actuar, creemos que conocemos la verdad y juramos que la misma es cierta y verdadera.

Cuando nos cansamos de ser materialista, comenzamos a correr para volvernos espiritistas…

Nuestra verdadera esencia que es nuestra ALMA ha pasado a convertirse en un segundo plano diciendo una y otra vez algunos (espíritu-alma) como si los dos fueran uno.

"TU ERES UN REFLEJO DE TU PENSAMIENTO'
"SERAS LO QUE PIENSES"
Y esto es peligroso, entenderlo a tiempo es saludable, suelta las amarras que te detienen y que no dejan que tú esencia divina, (despierte)
"Solo encuentras la verdad si la buscas"
Son muchos los que hablan y explican teorías, sin embargo lejos están ellos de poder aplicar todo eso que dicen.
No me digas mas, que te hicieron brujería y mucho menos que te están enviando pensamientos negativos, todo eso solo existe si tú por debilidad lo aceptas.
Los cobardes son aquellos que se pasan la vida, pidiéndoles a otros que hagan lo que ellos no hacen.
"QUERER ES PODER"
Pero solo es aplicable, cuando tu QUIERES.
Si todavía después de continuar leyéndome no has podido entender que tú eres el camino, te invito a comenzar sin demora.
"No importa donde estemos mañana, lo importante es donde estas hoy"

Te estaré esperando en el camino, para ayudarte a conseguir tu propósito.
YO SOY EL CAMINO
VERDAD DE VIDA
QUIEN LLEGA A MI
TENDRA VIDA ETERNA.

EL DOLOR NO ES AMOR.
Muchos pensaran que mis escritos están dedicados a desmitificar la vida del DIVINO MAESTRO, pero están muy lejos de la verdad.
Creo firmemente que los pecados cometidos por los dirigentes de las diferentes religiones en el planeta, solo nos demuestra que ellos al igual que nosotros tienen que vivir enfrentados a las bajas pasiones que arrastramos como consecuencia de nuestros errores, los cuales vivimos reparando en nuestro caminar.
Es bueno recordar una vez más, que vivimos en un mundo bipolar, palabra

que hoy en día se ha puesto de moda, producto, de las luchas internas que se han visto aumentadas por segundo.
Vivimos entre lo bueno y lo malo, el odio y el amor, la tristeza y la alegría.
El sabio no ríe mucho para no llorar bastante.
El equilibrio nos permite caminar sin inclinarnos a ninguno de los lados y cuando nuestro caminar se inclina hacia un costado, lo más justo es volver al centro, de esa forma rompemos el ciclo.
Este secreto es el que verdaderamente rompe la ley del Karma.
Entenderlo no es aceptarlo, es simplemente utilizarlo como arma que rompe todos los conceptos, creados por nosotros mismos en nuestro subconsciente.
Nuestra injusticia hacia el DIVINO MAESTRO, no es haberlo visto colgado de una cruz, con un cuerpo ensangrentado.
Nuestro error es haber ignorado al SEÑOR DEL AMOR, ese que nos enseño el verdadero camino, ese que hablo para oídos sordos, ese que hoy en día sufre por

ver cómo nos matamos unos a los otros, tratando siempre de obligar a los demás, a pensar y ver la vida de la forma que nosotros la percibimos.

Error y horror se han unido durante estos últimos tiempos para crearnos un mal de confusión.

Lo triste es que nadie quiere reconocer los errores cometidos ya que son muchos.

Todo esto y como medida de sanación, nos veremos enfrentados a una desaparición total de lo que ellos han venido representando hasta hoy.

Sera un juicio final, pero no para nosotros, sino para ellos, que en su soberbia e idolatría se hundirán en el fango para que brote de todo ello, esa flor maravillosa que con sus pétalos blancos nos enseñara que la pureza,

Puede más que la inmundicia del lodo.

Llego el tiempo de la verdad y solo ella nos hará libre.

Emanuel volverá a reinar en los corazones de los hombres, mujeres y niños y su enseñanza nos devolverá a ese manantial inagotable que proviene de la **FUENTE**.

YO SOY EL CAMINO
VERDAD DE VIDA
QUIEN LLEGA A MÍ
TENDRÁ VIDA ETERNA.

EL EFECTO.
Muchos se estarán preguntando, ¿Por qué? Debo de leer esto.
Nuestro mundo es una continua manifestación de efectos.
Estos son Sonoros, (música, ruido, palabras).
Puede ser Visual, (fotos, imágenes, carteles, escritos, cine, televisión)
Estos son algunos de los ejemplos que nos rodean.
Nuestros amos conocen la debilidad humana y se aprovechan de las leyes que nos rodean, para su uso personal.
La promesa dada a los gobernantes y dirigentes de aquellos tiempos, nunca fue cumplida, ninguna raza que fue

sembrada en el planeta, volvería a su lugar de origen.

Todos vivirían hasta el presente, esperando el retorno, el gran experimento que permitió repoblar el planeta después del diluvio, se convirtió en un fracaso.

El ALMA que acompañaba a la humanidad tenía dos mundos, el primero fuera de aquí (planeta de origen) y el segundo viviendo una realidad incomprensible para todos.

Así fue como el planeta llego a convertirse en una cárcel, donde el Alma se sentía arrastrada una y otra vez a reencarnar en este lugar.

Han sido años terribles donde matabas o te mataban.

Para amarrarnos más aun se creó la ley del Karma, esta la dividieron en dos partes, una baja que es en la que estamos y otra más alta, que es la ciudad de las sombras.

Romper esta cadena invisible no es tan fácil.

Descubrir la existencia del perdón y del amor, solo es para personas con un alto nivel de evolución.

Nuestro movimiento en el espacio exterior, nos ha llevado a este momento histórico.

Las fuerzas dominantes, se tienen que replegar y es por todo ello que el despertar se hace eminente.

Los que tuvieron oportunidad y no supieron aprovecharla, sencillamente no pueden continuar en el planeta ya que el estado vibratorio del mismo les produce un rompimiento en la armonía que une sus células y estas al separarse, hace que ellos desaparezcan para partir a formar parte del elemento que lo reclame para ello.

En este momento estamos viendo a nivel mundial un desenfreno completo en toda su magnitud, todo esto es producto de un alto grado de estudio por la fuerza dominante, de sobra es conocido que existe una tolerancia encaminada a dejar que cada uno realice lo que tiene en su mente, eso les va a permitir que los grupos se reúnan por su afinidad y de esta forma la eliminación sea mucho más fácil.

Cuando se termine la primera gran limpieza, la segunda será mucho más fácil, solo van a dejar vivir en el planeta a los que su aura manifiestan una armonía.
Siempre se nos hablo de los mil años de luz y eso es lo que vamos a vivir.
El planeta no será un paraíso, pero estará muy cerca de serlo.
Mientras tanto seguiremos con nuestra propia armonía, recibiendo de nuestro astro rey, su calor, amor y comprensión.
TU ESTAS EN MÍ
YO ESTOY EN TI
TU ESTAS CONMIGO.

EL MISTERIOSO NOVIEMBRE.
Existen meses que representan para nosotros un fenómeno inexplicable.
Cada uno tiene en su vida una época, donde fenómenos extraños siempre nos acechan para crearnos una dificultad.

Hoy voy a compartir con ustedes cómo Noviembre y Diciembre siempre han llenado mi vida de situaciones algunas tan difíciles que mi vida ha estado en peligro.

Estos datos los estoy sacando del baúl de los recuerdos y posiblemente algún detalle se me olvide.

Noviembre 29 1956.

Corría detrás del transporte que me llevaría a mi casa, y sin pensarlo dos veces me vi cruzando aquella calle, detrás del mismo.

No podía pensar que el chofer había realizado el cruce ya con la luz roja, por lo que la verde estaba ya en la calle que cruzaba mi vía.

El automóvil de alquiler que se aproximaba a gran velocidad, lo pude ver con el rabo del ojo, pero nada ni nadie podía detener el impacto contra mi cuerpo de 13 años de edad.

El automóvil produjo en mi cuerpo un golpe seco y el impacto me arrojo por los aires a una gran distancia.

Podía verme volando por los aires, mientras escuchaba la voz de una mujer que gritaba: "Lo Mato"

Cuando mi cuerpo cayó al piso sentí el fuerte golpe en mi boca con el borde de la acera, resbalaba por el mismo y cuando me detuve, salte como un resorte que se libera y me vi de pie en la acera, con asombro contemple como el auto detenía la rueda delantera donde segundos antes había estado mi cabeza.

El hombre joven de traje que bajo del auto, me pidió que montara para llevarme al hospital, le dije que estaba bien, que había sido mi culpa y que me iba para coger el transporte que me llevaría a mi casa, para bañarme, vestirme, comer algo y irme para la escuela.

El hombre joven sonriendo me dijo que él me llevaba hasta mi casa y monte en el asiento de atrás.

El chofer estaba sumamente nervioso y solamente repetía que él no había tenido culpa alguna.

Mire mi hombro y comprobé que el brazo tenía un hueco donde se podía ver el hueso claramente, la punta de aquella figura puesta en el capo del auto se me

había incrustado, entonces le dije al joven del traje:
¡Tengo un hueco y se ve hasta el hueso!
El joven dijo: Tenemos que llevarte al hospital, pero yo no puedo entrar.
Le dije que mi mama era enfermera y que estaba trabajando en ese momento.
Me llevaron a la Clínica y mi mama sonriendo me dio un beso y salió en busca del médico que en poco tiempo me coció la herida y me vendaron todos los rasguños que tenia por todo el cuerpo.
Al otro día 30 de Noviembre, aquel joven del traje, ponía la ciudad en estado de alerta al enfrentarse a la policía en diferentes sitios.
Su nombre era Frank País.
Diciembre 3 de 1958.
Subí a la sierra para acompañar a dos amigos del barrio, estos le habían pedido a mi novia que los llevara ya que ella sabía cómo hacerlo.
La historia la he contado otras veces, el regreso en la tarde se prolongo y la entrada de la noche nos sorprendió saliendo de aquel reparto donde los

soldados ya estaban atrincherados para enfrentarse a los rebeldes.

Entre tantas mujeres yo era el único hombre y aunque solo tenía 15 años, eso no contaba ya que estos eran los que luchaban contra el gobierno y no lo hacían tirando piedra.

Las balas y los muertos de ambos lados era incontrolable, el caos comenzaba a penetrar los cimientos de aquel país que ya no podría liberarse del odio de clase.

Años después me encontré con el jefe de aquel grupo de soldados y me dijo que el todavía no sabía porque no me mato ese día.

Los dos jóvenes que subieron a la sierra murieron de forma misteriosa en aquel tiroteo.

El día 15 de Diciembre del 1958 estaba en Estados Unidos.

Regrese a Cuba el 6 de Enero de 1959.

Salí de Cuba como polizonte en Febrero 25 de 1963.

El día 15 de Diciembre del 1965 estaba de nuevo en New York.

El 3 de Diciembre de 1979 comenzó en el trabajo un acoso con el fin de que me sintiera presionado y decidiera irme.

Fue un mes terrible, el trabajo había aumentado considerablemente por los días festivos, pero la orden venia de los representantes de la empresa, así que me vi forzado a decir que me iba, entonces cuando comprendieron el error trataron de cambiar la situación pero ya para mí era demasiado difícil, la entidad que me asistía, me dijo que si me quedaba estaría completamente solo y que no podía contar con él, le explique que aquella gente era muy poderosa y de irme mi vida se convertiría en un suplicio, este me dijo y si te quedas pierdes la vida, tú dirás.

Así en Enero 6 de 1980, me vi saliendo de aquella compañía que le había dedicado 10 años de mi vida y que ahora me iba tal y como había llegado, pobre pero con mucha experiencia.

Meses después Miami se convertiría en un caos, 125 mil cubanos abandonaban la isla y aquello fue recogido en la historia como el Mariel, la película Escarface, se encargaría de decirle al mundo los días de violencia, terror, droga y muerte que se vivió.

Un año después el que era mi jefe y que había contribuido a tener que irme, tenía un accidente al salir del trabajo y moría en el mismo.

Días después soñé que este venia y me pedía perdón y me decía que no estaba solo y entonces apareció el otro jefe que yo había tenido en el turno de día, ambos estaban contentos porque habían podido venir a verme y se sentían alegres de que yo los perdonara.

En la mañana salí a buscar un chofer de la compañía y este era nuevo, no me conocía, aunque si conocía toda mi historia, le pregunte por el que era mi jefe y me dijo que ambos estaban muerto, el jefe de por el día, por un problema en el corazón y el de la noche, había chocado hacia dos días con una rastra que estaba obscura.

Los choferes después que yo me fui, todos se fueron ya que aquello se había convertido en un infierno.

He querido compartir todo esto con ustedes porque se positivamente que los

finales de Noviembre y mediano de Diciembre nos traerán situaciones no muy agradables.
Espero que podamos todos decir, Juan te equivocaste.

EL OJO DEL ALMA.

Cuando escribí esta novela, fueron muchos los que se rieron, por primera vez estaban escuchando que el Alma tiene Ojo y todavía no habían terminado de leer la obra cuando ya estaban surgiendo las criticas.

Nadie nunca había dicho que el Alma podía ser trasladada de un cuerpo a otro.

Ni científicos ni estudiosos de las diferentes corrientes religiosas, filosóficas, esotéricas, místicas, se habían atrevido a decir el que esto fuera posible.

"La mediocridad de muchos les hace cerrar los ojos"

Luego cuando dije que la locura era producto de un descontrol donde entidades estaban controlando el pensamiento humano, eso lleno la copa.

Hoy en día solo un pequeño grupo, conocen y estudian los diferentes avances científicos que a diario la ciencia logra encontrar.

El resto no tiene interés alguno de conocer los adelantos que pueden llegar a cambiar y mejorar nuestro sistema de vida.

"Es más fácil criticar, que crear"

Lo mismo en política que en religión, nos guiamos por la información que nos dice la prensa radial o escrita y creamos un estado de opinión donde nos alejamos cada vez más de la verdad.

Lo lindo del caso es que defendemos esa mentira con vehemencia.

Como son muchos los que no han tenido el valor de leer El Ojo del Alma, El Psicoanalista Medico del Alma. La Puerta de Ishtar I y la Puerta de Ishtar II.

No me queda más remedio que decirte lo que te has perdido.

1ro. El trasplante del Alma era usado por los Anunnakis y luego lo heredaron los sumerios.

2do. La ciencia creo el modo de detectar y desintegrar los ENTES, esto lo realizaban con un escanee en forma de embudo, el cual limpiaba el aura de la persona que era introducida en el equipo, esto será usado en lugares como Aeropuertos, Edificios Gubernamentales, estadio, trenes y después en todos los edificios, incluyendo hoteles y residencias.

3ro. Vas a descubrir el verdadero motivo de la invasión a Iraq y lo que allí se encontró. (El Cuerno Torcido)

Espero que todo esto cree en ti una motivación que te conduzca hacia una nueva perspectiva.

"Solo vas encontrar la verdad si sales a buscarla"

Si piensas que esto lo hago con el fin de ser rico, te diré que cada obra solo producen 35ctvos así que necesitaría vender millones para poder disponer de una cantidad suficiente.

Hoy en día utilizamos un celular, por el vemos y oímos todo tipo de información,

el no participar del progreso es vivir en el pasado.
Espero poder obtener de ti una opinión al respecto.

EL SENDERO NO ES CAMINO.

No deja de ser cierto que la humanidad se mueve en busca de algo y muchas veces se tiene una idea lejana de esa esperanza.

El sendero es un camino estrecho, puede haber sido formado por personas y animales.

El sendero está lleno de obstáculos, su estreches nos hace caminar muchas veces lentamente, desde el mismo no se puede contemplar la distancia, el mundo que le rodea no permite que tengamos una amplia perspectiva.

El sendero nos lleva de forma zigzagueante, unas veces subimos y otras bajamos, sin embargo estamos caminando.

Existen senderos que son más iluminados que otros.

Las trampas del sendero pueden ser muchas y la persona que camina por el tiene que mantenerse alerta todo el tiempo.

Las personas que han tenido que utilizar un sendero para poder moverse en el campo, saben perfectamente y pueden entender mejor lo que trato de explicar.

Existen senderos que cruzan el nuestro, estos si tenemos suerte podemos encontrarnos con alguien que nos diga hacia donde conduce esa encrucijada.

En nosotros esta el seguir por la nuestra o simplemente cambiarnos y esta vez aunque no avancemos como teníamos pensado, podamos encontrar algo nuevo, distinto y como nos han dicho, un camino mucho más amplio por donde movernos con más rapidez.

El objetivo siempre lo vamos alcanzar, ya sea por el camino o por el sendero, el único beneficio es que vamos a movernos con más rapidez y con menos obstáculos.

El que busca el comienzo del camino y el que busca el fin, ambos caminan hacia una misma dirección.

La vida es un continuo movimiento y se alcanza la meta, corriendo o caminando.
Somos nosotros los dueños de nuestro destino y hacia el nos dirigimos.
Les pido de corazón, no por mi bien, sino por el de ustedes, que escuchen las cuatro narraciones que les hará entender el verdadero motivo de nuestra existencia, no la escuches una vez, ya que la primera vez que la escuches, estarás enfrentándote al dilema de aceptar o rechazar y eso no te permitirá entender la magnitud de la obra.
Este no es el cuento del túnel de luz, cosa que sucede solamente cuando tu estas vivo y eso no es lo que vas a encontrar cuando tengas que partir.
ÉXITO la ciudad sin frontera, es una experiencia personal, nunca en la historia de la humanidad, nadie ha regresado para hacer el cuento.
Yo en ningún momento estuve muerto, incluso cuando estuve en DESTINO, ellos aunque me conocían, sabían que yo estaba allí por un motivo muy especial, sin embargo en todo momento se me dijo

que yo no había llegado por la vía correcta.

Señores, si esto no hubiese sido verdad, la comunicación de ellos conmigo no se hubiese desarrollado con tanta nitidez, ni siquiera puedo decir que fue un viaje astral.

De lo que si estoy seguro es que fue una gran revelación y esta la estoy compartiendo contigo, absolutamente gratis, que mas puedes pedir, te doy mi vida, mi experiencia y mis relatos y todo a cambio de que tu dediques un corto tiempo de tu existencia a descubrir el secreto mejor guardado.

Este conocimiento te abrirá las puertas que siempre has querido ver, esas que tú conoces y que has olvidado.

El haber llegado a mi es tu mayor victoria, piensa cuantas personas están en internet y no saben que existimos.

Comparte con amigos y familiares toda información que les ayude a ellos a encontrar el camino y dejar la vereda (sendero).

YO SOY EL CAMINO
VERDAD DE VIDA

QUIEN LLEGA A MI TENDRA VIDA ETERNA.

EMANUEL

Emanuel, era intocable, no podía ser crucificado ni humillado, todo aquello fue un invento para volvernos un rebaño de ovejas cuidado por lobos. Santiago su hermano gemelo fue a la cruz por crear la conspiración de pascua, todo aquel plan había sido creado por su hermano Pedro (Piedra).

Emanuel estaba fuera de la ciudad cuando todo aquello sucedió, por ser gemelo tenía en su cuerpo todas las heridas aunque no eran de forma tan horribles como las que recibió Santiago (el nombre de Santiago significa usurpador).

Santiago entro en Jerusalén haciéndose pasar por su hermano, eso fue lo que hizo a Judas entregarlo ya que no querían que este sufriera por el error cometido por ellos.

El no murió en la cruz por nuestros pecados, nuestros pecados son y serán nuestros y solo nos limpiamos de ellos cuando aceptamos nuestro DESTINO, nuestra vida es planificada antes de nosotros venir, (por nosotros mismos).

Si sus protecciones lo salvaron cuando era un niño, como crees que su vida era para que terminara en esa cosa horrible que nosotros adoramos por estar ciegos y mudos frente al dolor que representaba la figura. (El Cristo ensangrentado) justificar la imagen es seguir siendo ciegos....

Si esta información te ha sido de provecho, compártela, yo no vivo para mi, vivo por ustedes y llevar la luz a otros es ampliar el conocimiento.

EN EL PRINCIPIO.

Entiendo tu confusión, por lo visto ya conoces la historia de los Anunnakis.

Antes nadie hablaba de ellos, ahora todos son expertos y llegan a decir que los Anunnaki son reptiliano.

El protagonismo es tanto que en lugar de ayudar, perjudican.

Los que fueron creados por los Anunnaki, fueron destruidos y nosotros no somos esa creación.

Aquel experimento sirvió un tiempo pero tenía mucha deficiencia.

Eran híbridos y su naturaleza animal, dominaba sus acciones.

Los gigantes eran los mismos Anunnakis, estos podían cambiar el estado de las cosas, así como a ellos mismos.

Después del diluvio, tuvieron que repoblar el planeta, toda esa historia de las razas madres, es simplemente puro cuento.

En un afán de explicarlo todo, se han creado tantos disparate que escucharlos da miedo.

Los Anunnaki, poblaron el planeta, trayendo fragmentos de diferentes lugares, esto lo podían realizar porque disminuían el tamaño de los mismos y las personas dentro de aquel fragmento no se enteraban de lo que estaba sucediendo, solo notaban que había una gran obscuridad, cuando eran sembrados en los diferentes sitios, los guías de aquellos pueblos, descubrieron con asombro que el cielo ya no era el mismo.

Cuando tuvieron contacto con los Anunnaki estos les prometieron que volverían a sus planetas, cuando terminaran la labor en este lugar.

Cosa que nunca cumplieron.

Para las diferentes culturas que repoblaron el planeta, estos seres eran considerados como dioses, ya que su tecnología les permitía crear y destruir con mucha facilidad.

Todos los templos, incluyendo las pirámides, llegaron de otros planetas, nada de eso fue construido en este lugar, luego los sumos sacerdotes comenzaron la preparación de sus pueblos, creando la mitología que acompaña a los mismos.

Los Anunnaki, ayudaron a crear lugares donde aquellos pueblos pudieran seguir guiándose por las estrellas, de esa forma pudieron saber cuando era tiempo de sembrar y tiempo de cosechar.

Las escuelas herméticas se encargaron de aprender y enseñar los conocimientos que envolvían la vida en este lugar que llegaríamos a conocer como tierra, cuando en verdad es agua.

Las imágenes representando el conocimiento era en forma de serpiente, todo el mundo alegórico a ello estaba basado en el Kundalini.

La serpiente no tiene nada que ver con una raza extraterrestre conocida como Reptiliano, Draconiano, Pleyadiano y otros tantos que en forma minúscula han llegado a estudiar el experimento Anunnaki.

El encargado de recibirnos cuando dejamos la materia es el Anciano de los Días y llegamos frente a él cómo Alma (hablar de espíritu es desconocer la realidad que nos rodea), sé que esto le duele a muchos que durante siglos han venido escuchando la teoría del espíritu santo y otras tantas cosas que por falta de información o por desinformación se nos inculco.

El Alma es el ETER, de aquí nos llego la palabra ETERNIDAD y en mucho tiempo mentar la existencia de este, era castigado con la muerte.

Ahora ya sabes que no somos Anunnakis, ni formamos parte de aquella creación.

Llegamos de diferentes puntos en el cielo infinito y algún día después de adquirir merito, volveremos a formar parte de nuestro origen.

Yo soy Juanelmanu y todo lo expresado aquí, nunca ha sido divulgado de ninguna forma.

Puedes dudar o aceptar, de ti depende.

Mientras tanto como siempre digo:

YO SOY EL CAMINO
VERDAD DE VIDA
QUIEN LLEGA A CERN
TENDRA VIDA ETERNA.

EN MI OPINION.

Como ya muchos saben CERN, el acelerador de partículas, acaban de informar que tuvieron que suspender el experimento, por un fallo en el sistema.

En mi opinión, la humanidad nunca podrá saber los secretos que estos científicos han podido encontrar.

Todo esto no es nada nuevo, simplemente la ciencia quiera encontrar lo que el TAO había dicho hace mucho tiempo.

La ciencia quiere encontrar la llamada **PARTICULA DE DIOS**.

Encontrar el vacio es encontrar el origen de la creación.

Por siglos la humanidad ha venido pensando que todo comienza en el UNO. Convencernos de que estábamos en un error, ha sido una tarea de titanes, incluso hoy muchos no aceptan lo contrario.

En las escuelas se enseña que un cero a la izquierda carece de valor, ahora todo será comprendido de otra forma.

El cero es el verdadero comienzo, sin este lo demás carece de manifestación.

Los controladores manejaron toda la información haciéndonos creer que el origen de la creación partía del padre (UNO).

Luego agregaron el hijo (DOS) veces uno.

Y al final para complicarlo más, nos pusieron a creer en el espíritu santo (tres) veces uno.

Como pueden observar era toda una filosofía (MACHISTA)

Lo femenino carecía de representación y decir que la creación lo era, ponía al padre en desventaja.

Durante mucho tiempo el castigo por hablar del (ETER) (ALMA) era la muerte, ningún iniciado podía descubrir la PARTICULA DE DIOS.

Todavía hoy a esta altura del juego llamada vida (EXISTENCIA) muchos continúan con los conceptos antiguos y se niegan aceptar la realidad que esta frente a ellos.

La FUERZA QUANTICA se impone más cada día, dejando atrás el mundo que un día fue llamado RELATIVO.

El MUNDO DE MAYA (ILUSION) cada vez se hace más visible, aunque sea invisible.

Si puedes entender el concepto, entonces podrás decir tú también.

"POLVO ERES Y POLVO SERAS"

Todo esto es igual a NACISTES DEL CERO Y AL CERO REGRESARAS"
YO SOY EL CAMINO
VERDAD DE VIDA
QUIEN LLEGA A CERN
TENDRA VIDA ETERNA.

ERROR SIN HORROR.
Son muchas las preguntas y pocas las respuestas.
Vivimos en una locura, donde la sangre, el dolor y el miedo, nos llegan a diario de todas partes del planeta.
Queremos un cambio, pero no sabemos cómo lograrlo.
Señalamos con el dedo a todo aquel que no comparta nuestra forma de pensar.
Todos están equivocados, gritamos a los cuatro vientos.
"Mi dios es el verdadero y el único".
"Si yo no sé la verdad, nadie la sabe".
Buscamos las palabras adecuadas para afirmar que los demás no saben nada.

Una vez le pregunte a una persona religiosa como ellos iban a reconocer a Jesús cuando regresara.

Su contesta fue rápida y sin pensarlo me dijo: Ya el no regresa, ya estuvo aquí entre nosotros.

Y ese día comprendí que la contesta había sido dicha y estudiada antes de que surgiera la pregunta.

La humanidad no necesita pensar, ya que otros piensan por ellos.

Si la NASA no me dice hora y día de un mes determinado, eso sencillamente carece de valor informativo.

La verdad es que nos merecemos todo lo que nos está sucediendo, es como si les dijéramos a nuestros amos, aquí estamos y aceptamos nuestro destino como algo justo y necesario.

Oportunidades hemos tenido para encontrar la razón de ser, sin embargo nos detuvimos donde nos fue más acomodadizo.

En fin, cada uno encontrara lo que para cada uno le ha sido programado.

Solo voy a decir esto para los que quieran entenderlo.

Los Estados Unidos es el país más adelantado del planeta, su tecnología supera todas las expectativas imaginables, su tiempo en el espacio les ha dado la oportunidad de conocer secretos que solo los llamados DIOSES poseían.

Satélites enviados hace muchos años, envían información de todas las cosas que nos podemos encontrar (en el futuro).

Se nos engaña y se nos entretiene para que observemos las manchas en el sol, de esa forma, nunca podremos ver la verdad que esta frente a nosotros.

Mientras unos discuten sobre filosofía, religión, raza, dioses, extraterrestre, sin olvidar lo que ahora es una moda, (quien encierra la verdad, el espíritu o el alma), ese afán protagónico que tenemos todos los humanos, donde la verdad solo es del que la impone y no del que la tiene.

Con todo esto rugiendo en nuestro cerebro, llegamos hasta el presente momento, donde tendremos la oportunidad, de encontrarnos con nuestro DESTINO.

Las religiones tuvieron su oportunidad y al final solo crearon más confusión que solución.

Sabemos que todo esto produce roncha, sobre todo en los que hasta hoy han creído ser ellos los que poseen toda la verdad.

Existen tantos grupos y cada uno con miles de seguidores, sin embargo solo puedo encontrar un grupo reducido que comparten las informaciones y no me refiero solo a mi caso, también lo observo en los escritos por los administradores, estos reciben también una pequeña participación, todo ello nos enseña una gran lección, "no son todos los que están ni están todos los que son".

En fin, como dijo el maestro, por sus hechos los conoceréis.

Que el amor del padre, entre en los corazones de los seres humanos, es mi mayor anhelo.

ES MI ERROR.

Vivimos en un tiempo donde el desamor es el pan de cada día.

Tratamos de llenar los corazones de aquellos que entran en contacto con nosotros.
Damos amor, energía, salud, esperanza y fe.
Sacrificamos nuestra existencia para llenar ese vacío.
Levantamos al caído y le devolvemos el valor para que continúe su existencia, llenamos su camino de flores y quitamos las espinas, para que su sufrimiento y prueba sea más llevadero.
Nuestra parte humana, muchas veces se satura del sufrir de otros y esto nos hunde en el dolor y la desesperanza de no poder alcanzar nuestro objetivo.
"Si sufrimos en silencio, esa derrota"
Vemos tanta confusión a nuestro alrededor y lo que es mucho peor, personas buenas, de buenos sentimientos, tratando de ayudar y sin embargo por desconocimiento, ayudan a que la desinformación siga teniendo cuerpo.
Otros llenos de envidia y te intereses mezquinos, tratan de imitar, copiar y repetir lo que ellos aun no han llegado a comprender.

Son muchos los que repiten a diario, que todos no estamos en el mismo nivel evolutivo.

Para mi es inaceptable el creer que todos no tienen el mismo derecho.

El tiempo de la verdad es ahora, esta aquí y si cerramos los ojos para no contemplar la luz, este producto de su gran fuerza cósmica, nos hará comprender nuestro grave error.

Tu silencio, llego a mi alma y me vi solo, sin poder comprender, como era posible que mi fortaleza se sintiera sin fuerza.

Dar la verdad, sin recibir a cambio ni una sonrisa, es algo bastante triste, mas aun cuando vemos que otros publican mediocridades y el mundo sale a repetir esa tontería.

Un vidente es una persona capaz de ver más allá del horizonte y esto le hace conocer una realidad que otros son incapaces de percibir.

Se sufre, cuando tratas de decir lo que pudiste ver y sobre todas las cosas cuando solo recibes de esos que tratas de despertar, el dolor de que te ignoren.

Sé que ES MI ERROR, enfrentarme a un patrón establecido.

Sin embargo, hoy, después de días de sufrimiento, recibí con alegría un mensaje donde pude comprobar que no todo estaba perdido.

Una pequeña luz, se abría paso en la obscuridad y esta prometía crecer en magnitud de gloria.

Entonces seguiremos tratando de llenar de fe, esperanza y caridad, las almas buenas y nobles que así lo desean.

YO SOY EL CAMINO
VERDAD DE VIDA
QUIEN LLEGA A CERN
TENDRA VIDA ETERNA.

Es tanto el deseo de que exista un cambio, que muchas personas recogen sin ellos querer ese pensamiento y la forma de llegar a nosotros es con imágenes, el desconocimiento nos hace ver cosas y decirlas de tal forma que nos llegamos a creer que somos enviados del altísimo.

En verdad solo somos una estación de radio, escuchando el sonido inconfundible de las vibraciones del planeta, esta por ignorancia nunca la habíamos escuchado.

Existe agua en todos los planetas y además se puede respirar después de un poco de tiempo, la sensación es igual a la que existe en Perú, donde la altura nos produce ciertos efectos, pero nada que no se pueda resolver. Los planetas que no tienen agua o sus lunas, podemos llevar un asteroide o meteorito compuesto de agua y empujarlo hacia el mismo y ya tenemos agua en ese cráter.

Además si nosotros vemos con nuestros ojos estrellas que hace tiempo dejaron de existir y sin embargo su luz se demora (tiempo para nosotros), un satélite que sea enviado allí solo encontrara un vacio... Ahora viene la pregunta... Que sucede si el satélite nos está mirando a nosotros desde la distancia... El tiempo en la tierra es el FUTURO.

En un afán por desinformar, nos quieren convertir a todos en reptiliano, de ese modo nuestro subconsciente rechaza la imagen que ellos nos proyectan de los ET. Pero se acabo el juego, esto ya toco fondo y nadie lo detiene.

Hace mucho tiempo descubrí que existía una forma de llegar a conquistar el mundo invisible y que este podía entrar y transformar mi existencia.
Trabajaba como chofer y cada amanecer y atardecer era observado por mí en toda su grandeza, entonces invente esta forma de comunión entre el sol externo y mis soles internos y de allí surgió esa unión.
Mirando el sol decía cada día:
TU ESTAS EN MÍ
YO ESTOY EN TI
TU ESTAS CONMIGO.
La energía que adquiría en la mañana me llevaba a realizar un trabajo que para otros era imposible.
Ahora ya conoces el secreto y espero que logres utilizarlo con devoción y respeto que el mismo merece.

INDUCIR O CONVERTIR.
Vemos y copiamos y convertimos nuestro mundo en una completa mediocridad.
Nuestro ser interior está lleno de sabiduría y entiéndase bien no importa el grado escolar que uno tenga.
La universidad te da un titulo y este solo sirve para ponerlo en la pared de tu casa o tu oficina.
La sabiduría no nace, se hace y solo lo puedes lograr cuando tu ser interior toma participación de tu existencia.
"La única forma de encontrar la verdad es buscándola"
Un diamante tallado para ser perfecto tiene que tener 72 facetas, cada una abarca un ángulo diferente, el conjunto de ellas conforma una unidad.
Todo esto quiere decir que la verdad puede verse desde diferentes ángulos.
El sabio conoce el mundo de las facetas y entiende la verdad desde una perspectiva más amplia.
Muchos son los que pregonan el amor y pocos son los que lo practican.

Es importante, que aquellos que aun tienen un trabajo y con ello mantienen su hogar, a ellos les pido que se conviertan en seres cada vez más eficientes, para ello vamos a crear un archivo mental y poner en orden nuestro pensamiento.

Comprendo que la tecnología te permite trabajar y buscar información que nos llegan por el celular y en otros casos por nuestra PC, sin embargo aunque tú no te des cuenta tu cerebro está recibiendo una cantidad de datos que muchas veces te van a dejar pensando y esto pueden notarlo las personas que te rodean.

Nuestro cerebro está lleno de programaciones inútiles que lo único que producen es el poner lento nuestra capacidad de reacción.

Así vemos que nuestros equipos se ponen lentos cuando acumulan información innecesaria.

Yo soy un hombre retirado y sin embargo, me veo utilizando horas y horas en publicar, escribir, hablar, compartir y como me gusta lo que hago, no me doy cuenta, sin embargo mi hermana si nota que el tiempo que dedico a esta función es extremadamente largo.

Y no soy yo solo, me despierto de noche y puedo ver que existen otras personas que publican tanto de noche como de día.

Señores, es tiempo de volver a la normalidad, frenemos nuestros impulsos y volvamos por un momento a dejar que nuestra mente limpie toda esa información, tenemos que auto educarnos y auto controlarnos, de lo contrario nos veremos compartiendo solamente con un mundo DIGITAL.

Nuestros seres queridos necesitan de nuestro afecto, mirada y sonrisa, volvamos a convertirnos en humanos que solo dependemos de el vicio tecnológico en cierto momento de nuestra vida.

Ayudemos a otros a despertar de este letargo donde nuestra vida se ha convertido en una verdadera mediocridad.

Elimina ya todas esas programaciones que en un momento pensaste que te ayudaban a caminar en busca de tu verdadero ser.

Todo eso ya cumplió su misión.

Ahora solo tienes que ver ese sol que día a día aunque lo ignoremos colma de alegría y bienestar el planeta.

Y abriendo nuestros brazos y nuestro corazón, dejar que él entre en nosotros para iluminar cada rincón de nuestro ser interior.

TU ESTAS EN MÍ
YO ESTOY EN TI
TU ESTAS CONMIGO.
SOL LINDO SOL HERMOSO
TU QUE VIVES Y REINAS EN ESTE PLANETA
DAME _____ _____ _____

(JESUS ERA EXTRATERRESTRE)
"DESPUES QUIEREN QUE LOS PERDONEN"
Solamente en FB, 1750 personas entraron para leer aquel tremendo disparate donde personas mal intencionada, tratan de seguir destruyendo el mito legendario del amado maestro.

La humanidad tiende a confundirlo todo y las personas sin escrúpulo se aprovechan de ello.

La historia del divino maestro es mucho más linda y profunda que todo lo que nos han contado.

Producto de la popularidad creada durante dos milenios, es normal que existen potencias con tecnología capaz de traspasar la barrera del tiempo.

Nada de lo dicho en CABALLO DE TROYA es cierto.

Todos necesitan saber la verdad de lo ocurrido.

Hoy tú puedes encontrar esa verdad en mi libro.

EL CAMINO DE JUAN... Publicado en Amazon Kindle.

Lejos estaba EMANUEL que sería ignorado y que su amor al prójimo nunca seria reconocido.

En fin los días por llegar les demostraran a ustedes que yo estaba en lo cierto.

LA BODA DE CANA

Emanuel en compañía de Tomas habían llegado después de una larga ausencia donde habían estado en Damasco.

Tomas se sentía orgullosa de su sobrino el cual era como un hijo, ese que nunca pudo tener.

La presencia de ellos hizo que Santiago apurara su boda con Magdala.

La boda seria en la casa de los Magdala ya que ellos poseían un amplio recurso económico.

La fiesta duraría varios días, por lo que el vino pronto se agotaría, fue entonces que María le hizo el comentario a Emanuel y este se acerco al que lo estaba sirviendo y le dijo que antes de que se acabara las volviera a llenar de agua y que la sellara, luego le pidió que la volviera a colocar en la cueva donde se almacenaban y que trajera dos vasijas nuevas, del mejor vino que el de seguro sabia donde se encontraban.

Aquella agilidad mental de Emanuel duraría hasta nuestros días, con la diferencia de que se le atribuyo el efecto de milagro.

La situación con los panes y peces fue lo mismo, el grupo de personas que le escuchaban eran mucho mayor de lo que ellos tenían para alimentarlos, sin embargo muchos habían llevado panes, peces y vino y estos al ver que el mandaba a entregar sus alimentos para ayudar alimentar a los que no tenían, el ejemplo dado por el terminaría sobrando panes, peces y vino, la ley creada en ese momento había dado fruto… 'AMARAS A TU PROJIMO COMO A TI MISMO'

El verdadero milagro de la vida de Emanuel fue enseñarnos una filosofía de vida donde el amor podía más que el odio. El camino recorrido por él en compañía de Tomas, le había enseñado que la humanidad era un conjunto de personas viviendo en un mismo planeta y que todos éramos uno, sin importar color, raza ni idioma.

Hoy en día después de milenios todavía la enseñanza del Divino Maestro puede ser aplicada.

La herencia dejada por el inconforme de Abraham, perdura en el planeta, todos quieren conquistar riqueza y bienestar para sí, la idea de una tierra prometida donde exista la abundancia, sin importar quien sea su dueño en este momento, todavía está en la mente de muchos, lo triste es que muchos creen que era un dios quien lo guiaba… "Tremendo controlador el tío"

En fin "SOLO ENCUENTRA LA VERDAD QUIEN LA BUSCA"
YO SOY EN CAMINO
VERDAD DE VIDA
QUIEN LLEGA A CERN
TENDRA VIDA ETERNA.

LA BUSQUEDA 1
La humanidad ha tenido que pasar por diferentes etapas.
Miedo, aceptación, silencio y duda, todo ello nos ha conducido hasta el presente momento, la era espacial nos ha obligado a divulgar muchas cosas que se habían mantenido como secreto y que conocerlas representaba un grave peligro.

La vida para muchos está rodeada de un sinfín de miedo.

Miedo a una enfermedad, miedo a perder el trabajo, miedo a la muerte, miedo a dios.

Aceptamos en silencio nuestro destino y tratamos por todos los medios de permanecer sin movernos para no llamar la atención, esto lo vemos a diario tanto en política como en religión.

Nos mantenemos en silencio, mientras observamos la injusticia.

Dudamos de todo aquel que nos trate de abrir los ojos a una realidad que miramos pero no vemos.

"Muchos prefieren buscar en el sol sus manchas"

Mientras unos viven en la violencia, otros viven en la indiferencia.

Ambos grupos perdidos en el laberinto, donde la salida... no existe.

La verdad está dividida en pequeños fragmentos, donde unirlos es imposible.

A nadie le interesa conocer el conjunto, que determina nuestra vida actual.

No podemos olvidar a los que viven para burlarse, de lo que ellos no comprenden.

La ciencia no puede aceptar la verdad, ya que la misma destruiría todo lo que se ha venido diciendo durante miles de años.

Cuando una arqueóloga en México encontró unas piedras gravadas y dijo que tenían más de 200,000 años, sus propios colegas se encargaron de destruir su existencia.

Para muchos la vida comenzó cuando nació Jesús.

Para otros comenzó hace apenas 5,000 años y como las pruebas que decían todo lo contrario fueron ocultadas, era imposible conocer toda la verdad.

Son muchos los que rechazan la Biblia y sin embargo defienden lo escrito por personas que escribieron fragmento de historias sacadas de los Rosacruces, Masones y Jesuitas estos mantenían toda aquella información para los adeptos.

Solo me queda decir, que no aceptes como verdadera tu creencia, hasta no profundizar en la raíz que motivo su creación.

Lo que hoy no entiendes, dentro de dos meses lo vas a poder entender.

La cortina de Isis se rompe, para que la humanidad pueda contemplar lo que estaba oculto a tus ojos.

Solo te pido que no te conformes con poner un simple me gusta, esto fue creado para que tu no comentes, rompe con esa actitud y participa, sin importar como lo digas, no te detengas en hablar, preguntar, aunque lo hagas con falta de ortografía, recuerda que las palabras varían según el lugar donde lo digas.

El amanecer será victorioso, si cada uno de nosotros aporta el pedazo que falta.

YO SOY EL CAMINO
VERDAD DE VIDA
QUIEN LLEGA A CERN
TENDRA VIDA ETERNA.

LA BUSQUEDA 2

¡Solo encuentra la verdad quien la busca!

"Conocimiento", herramienta que nos permite avanzar con sano juicio.

Los derivados de esta palabra encierran un mundo donde realidad y fantasía se unen en un eterno caminar.

Intuición, es el arte de penetrar lo desconocido, esto unido a la clarividencia nos lleva a conseguir nuestra meta.

La carencia de propósito en la vida, es un arma usada para atarnos a la ignorancia.

Quien no medita sobre el significado oculto de una palabra, nunca podrá entender lo que la oración encierra.

Muchos creen vivir en la verdad, estos repiten sin cesar los escritos elaborados por otros hace unos cientos de años.

Para ellos la verdad es aquella expresada en ese tiempo por ese individuo.

Muchos heredaron esta costumbre al observar dentro del seno familiar, algún miembro del mismo, hablando y estudiando la biblia.

Esta acción se gravo en su subconsciente y creo el hábito, sin embargo con el transcurso del tiempo, estos cambiaron la biblia por otros libros y ahora es natural que se imaginen ellos como apóstoles de esa nueva cultura.

Para ellos el conocimiento representa el leer y repetir fragmentos de ese pensamiento.

"Esto puede aplicarse a muchas formas de creencia"

Todos creyendo firmemente que tienen el CONOCIMIENTO, necesario para conquistar esta existencia.

Los controladores, se han pasado todas sus vidas en estudiar la forma de controlar nuestra existencia, pero a ellos le ha sido fácil al nosotros contribuir con nuestra apatía.

La excusa que a diario se emplea es: (No dispongo de tiempo), llego muy cansado, tengo el tiempo contado….

Toda mi vida me la pase trabajando, unas veces de día y otras de noche, sin embargo aprendí a leer un libro con los ojos del alma.

¿Puede eso ser posible, preguntaran ustedes?

Hoy algunos de ustedes que han continuado firmemente siguiendo mis escritos, van aprender algo que nadie les ha dicho.

¡Todo escrito está formado de un pensamiento, elaborado primero en la mente y luego plasmado en letras!

La técnica es VOLUNTAD, DESEO, PRÁCTICA, PREPARACION, todo ello te conducirá hacia el CONOCIMIENTO.

El libro que está cerca de ti, contiene en si la formula que te permite leerlo con la mano puesta sobre el mismo.

Dormir cerca de este, te lleva a entrar en contacto directo con el escritor y este puede dejar dentro de ti toda la información que encierra esa obra.

Luego cuando en tu corto tiempo, comiences a hojear el mismo, comprenderás que lo que allí se encierra ya era de tu entero dominio.

Muchos ahora me dirán que lo probaron y que no les funciono y es que la humanidad actúa de modo impulsivo, para ellos solo existe el ahora y si no es ahora no será mañana.

"Todo lo que se consigue sin esfuerzo, se pierde en el camino"

De nada sirve, todo lo que escribo, si tú, no te tomas interés en llevarlo a cabo.

"Ver la VERDAD Y olvidarla es no haberla tenido nunca"

Todos esos que salen enseguida a decir: ¿Y QUE ES LA VERDAD?, todos deben de ir rápidamente al psiquiatra para que les explique lo que acaban ellos de decir.

"Hablamos de programación mental, pero no sabemos conocer los síntomas"

Seguiremos en la lucha que nos hemos impuesto, llevar un poco de luz, a una obscuridad asfixiante.

YO SOY EL CAMINO
VERDAD DE VIDA
QUIEN LLEGA A MI
TENDRA VIDA ETERNA.

LA CADENA INVISIBLE.

La humanidad solo consigue la libertad, cuando rompe la cadena invisible, que con hechos y palabras nos sujeta con firmeza a la mentira.

El control mental, es una forma más, produciendo en nuestro subconsciente el negar por completo, todo lo que va en contra de lo establecido.

La duda nos ata de tal forma que sin pensarlo dos veces, procedemos a rechazar todo lo que se manifiesta opuesto a nuestra creencia.

Nuestros pensamientos están programados para reaccionar a ciertas palabras claves.

Cuando escuchamos a una persona mencionar la palabra VERDAD.

Nuestra mente nos lleva de forma inmediata a lo programado en nuestro subconsciente y como un relámpago surge lo que tantas veces hemos escuchado decir:

"QUE ES LA VERDAD" estas palabras se nos ha dicho que fueron expresadas por PONCIO PILATO, cuando estaba celebrándole juicio a JESUS.

Todo lo anterior lo aceptamos como un hecho verídico, aunque no exista ninguna constancia que avalore este hecho.

Una nueva versión de la Biblia está siendo llevada a la pantalla y palabras y hechos son cambiados de lugar, para crear en nosotros una idea errónea de lo que pudo haber pasado.

La humanidad nunca se ha sentido tan sola y desamparada, la falta de fe en nosotros mismos, nos ha llevado a unirnos a grupos que solo buscan controlarnos y todo esto produce al final mas vacio.

Estamos solo aunque caminemos acompañados y es que la soledad no es en el exterior, el vacio más grande radica dentro de nosotros y es por eso que escuchamos tan seguido la palabra que manifiesta esta situación:

"ME SIENTO VACIA"

Esto aplica tanto a hombres como a mujeres.

Queremos opinar sobre política, sin conocer lo que la misma encierra.

Hablamos de religión y estamos lejos de conocer su origen.

Hoy esperamos que nuestra situación cambie, cuando por fin lleguen seres de otros planetas.

Espero que los extraterrestres traigan con ellos suficientes psicólogos, de lo contrario los vamos a volver locos a ellos.

Lo último que pude escuchar en Internet es que Jesús era un extraterrestre que había llegado de la 7 dimensión.

Vivimos en un mar de confusión y aquellos que conocen lo que está sucediendo sufren al contemplar la indiferencia.

Muchos han despertado del letargo y tratan con vehemencia de ayudar a otros, sin embargo los controladores expertos en el difícil arte del engaño, se han encargado de decir que cada uno está en un nivel diferente y que todos no pueden asimilar el mismo conocimiento.

Los controladores al igual que las olas del mar, van y vienen, nos dan y nos quitan.

Si entramos en los diferentes grupos veremos que solo una pequeña fracción permanecen activos y militantes, el resto solo sabe poner: me gusta, mientras otros solo saben mandar una figura diseñada para ahorrar su expresión.

Todo esto solo sirve para evitar que tú te expreses, creo que debemos comenzar a volvernos más humanos y decir con elocuencia lo que sentimos y pensamos aunque no sepamos escribir, es importante participar expresando nuestro creer y sentir, esa es la única forma de llegar hasta lo más profundo de tu verdadero ser.

Para los ignorantes que son muchos, el 23 de septiembre, no sucedió nada, para ti que pensaste que podían suceder muchas cosas, vamos a pensar que si sucedió.

Aceptemos el reto y digamos a todo pecho, yo soy una persona nacida de nuevo en mi propia fe, soy mejor, soy libre, soy más humana.

Nuestro amor hacia nosotros mismo, nos convertirá en mensajeros de una nueva esperanza, esa que fue la verdadera enseñanza del DIVINO MAESTRO y que hoy nosotros logramos descubrir.

YO SOY EL CAMINO
VERDAD DE VIDA
QUIEN LLEGA A MI
TENDRA VIDA ETERNA.

LA CONFRONTACION.

El mes de Noviembre del 2015, nos traerá una sorpresa que durante mucho tiempo se había venido pronosticando.

El 2012 sirvió para estudiar las reacciones que podía producir en la población del mundo, la idea de un cambio.

Los ignorantes que son la inmensa mayoría, se rieron, se burlaron y llegaron a creer que todo aquello era un embuste.

Han pasado tres largos años y la humanidad ha continuado su decline de forma cada vez más acelerada.

Depravación, corrupción y crimen, están cada vez más en aumento,

Las leyes les han dado la oportunidad a todos de elegir con quien vivir.

Cuando escribí Key People, La Gente de la Llave, estábamos viviendo el año 1995, de sobra sabía que no podría dar a conocer toda aquella historia y que tendría que dejar transcurrir el tiempo.

Ahora estamos cerca de los hechos por ocurrir y sin embargo partiré sin haber podido dar a conocerle al mundo lo que Noviembre dejara en nuestras vidas.

Mientras los gobiernos se han ido preparando en silencio para enfrentar el encuentro, nosotros hemos estado disfrutando de lo que el aquí y ahora nos ha podido brindar.

Muchos pensaran que esto es solo para unos cuanto y que ellos no necesitan cambiar su actitud de vida.

Espero que a los que así piensan, les dure mucho.

Mientras tanto podemos decir que solo encuentra la verdad quien la busca.

El encuentro de ti, contigo, es inevitable, así está escrito y así será.

Por falta de información, no ha sido.

El internet ha permitido que hasta el último rincón, allá podido encontrar lo que necesitabas encontrar.

Tiempo y sufrimiento fueron puestos a tu disposición para permitirte dar el salto quántico que necesitabas.

Sé que buscaras la LUZ, cuando te falte, entonces querrás que aquellos de los que te burlabas te ayuden, mas eso ya será inútil.

Los que se han mantenido sin inclinar ninguno de los lados, esos podrán recoger la fruta que ha sido sembrada.

Sin importar edad, sexo, raza o creencia religiosa, solo podrán volver a comer del árbol de la vida, los que con amor esperaron pacientemente vidas tras vidas.

El mensaje ya está dado.

Noviembre traerá los días de obscuridad que nos conducirá hacia la luz.

Para ese nuevo amanecer.

TU ESTAS EN MÍ
YO ESTOY EN TI
TU ESTAS CONMIGO.

LA CONSPIRACION DE PASCUA.

Durante muchos años se nos ha estado diciendo que Jesús, murió en la cruz por nuestros pecados.

Que el con su sangre limpio nuestras vidas.

Que él era el cordero del ofrecimiento.

Durante miles de años, la humanidad estuvo viendo en un altar un hombre sangrando, lleno de heridas y clavado en una cruz.

Comencemos por decir que esa era la forma terrible de castigar a una persona que intentara ir en contra de lo establecido por ROMA.

Esto se dejaba a la orilla del camino para que la población supiera lo que le sucedería a quien tratara por todos los medios de ir en contra de lo establecido por ellos.

Roma nunca pensó que llegaría a dominar el mundo, por medio de la imposición de imagen.

Cada uno de nosotros tiene acumulado en lo más profundo de nuestro ser, la memoria Akashico, esta acumulación de experiencias están llena de vidas anteriores.

Al contemplar esa imagen en la cruz, no podemos evitar que un escalofrió recorra nuestra columna vertebral y el Kundalini grite con fuerza increíble, DOBLÉGATE O PERECES.

Ahora sabes el porqué en lugar de ponernos al amado maestro, nos pusieron la figura de su hermano gemelo, ese que no estaba luchando por liberarnos de la esclavitud de la carne, por el contrario, solo quería conquistar su reino terrenal, muy lejos de las enseñanzas del DIVINO MAESTRO, ese que con amor y no con terror, quería lograr el despertar de su pueblo y que nunca pensó que su obra sería utilizada en otros propósito a nivel mundial.

Veamos los hechos.

Emanuel sabía que algo estaban tramando Pedro y Santiago, por lo que decidió alejarse por completo de la ciudad, sus dos hermanos menores Daniel y Juan estaban con él.

Pedro había convencido a Santiago de entrar a Jerusalén por la puerta prohibida y proclamarse el Mesías, muchas de las personas que habían estado escuchando a Emanuel lo confundirían y estos lo seguirían sin imaginar en ningún momento el engaño... (Es bueno recordar que Jacob significa el que suplanta a su hermano)

Los grupos más agresivos de los Zelotes estaban allí como fuerza de choque para enfrentarse a los Centuriones.

La forma de crear el desorden y el caos era destruir el mercado que fuera del templo muchos tenían establecido, la escena que se nos pinto fue un Jesús que a látigo saco a los mercaderes.

Lejos estaba Emanuel de crear una escena como esa.

El caso es que todo aquel caos termino con la muerte de un Centurión y la herida de otros.

En el último momento Santiago no cumplió lo que le había dicho a Pedro y nunca llego a decir que él era el Mesías, todo aquello provoco la fuga precipitada de ellos los cuales corrieron a refugiarse en el viñedo de José de Arimatea, el día fue largo y la conciencia de Santiago frente a su fracaso lo mantenía intranquilo, sabía que muchos habían pensado que era su hermano el que había participado de aquella sublevación y que este se encontraba fuera de la ciudad.

Por todo ello decidió que debía de entregarse a las autoridades y enfrentar el castigo que Roma imponía a los lideres Zelotes.

Uno de ellos debería traicionarlo y para ello debía de dirigirse al Sanedrín.

Tortura, burla y muerte, fue el pago que recibió Santiago por enfrentarse a Roma.

Mientras tanto en las afuera Emanuel recibió la noticia de la detención de Santiago y sus hermanos menores se fueron para estar con su madre, este debería mantenerse oculto, los Romanos estaban enfrentando la situación creada por los Zelotes.

La ropa de Emanuel estaba toda ensangrentada, por lo que este tuvo que vestirse con las ropas de un espantapájaros, su encuentro con la Magdalena y el motivo que ella no le reconociera es porque este se había transformado para pasar lo mas desapercibido posible.

Tomas fue el encargado de su cuidado, su cuerpo producto de las heridas estaba demasiado débil para emprender el largo camino que los llevaría hacia Damasco.

Las cuevas de Qumran les servían a ellos de refugio, fue allí en este lugar donde pude hablar con Tomas y este relatarme los hechos.

Una biblia en Hebreo le lleve desde mi tiempo y esta hace poco fue hallada pero se ha mantenido el secreto ya que no se pudo encontrar la explicación, nadie pudo entender como la misma impresa en este tiempo había podido llegar hasta aquel lugar.

Muchas cosas halladas fuera de tiempo, han sido llevadas al pasado desde el futuro.

Tanto hoy como ayer, el futuro siempre ha estado vigilándonos.

El DIVINO MAESTRO, nacido como humano, llegaríamos a convertirlo en nuestro salvador, Dios del Amor, grande y poderoso fue su sacrificio, por todo ello, hoy la humanidad deberíamos otorgarle el calificativo de SER SUPREMO.

Su humildad le ha permitido el regresar y estar entre nosotros, siempre bajo un mismo patrón, dar amor y enseñarnos que él es la VERDAD Y LA VIDA ETERNA.

YO SOY EL CAMINO
VERDAD DE VIDA

QUIEN LLEGA A CERN TENDRA VIDA ETERNA.

LA COSTUMBRE.

Para comprender el proceso llamado costumbre, solo tenemos que estudiar nuestro comportamiento.

Un ejemplo claro que demuestra como el subconsciente nos controla y nos hace actuar de acuerdo a la costumbre.

Supongamos que estamos de visita en una casa de unas amistades, durante nuestra estancia necesitamos ir al baño para orinar.

Pasado un tiempo regresamos un día a esa casa y con asombro vamos a descubrir que automáticamente nos entra deseo de orinar.

Esto solamente lo descubren aquellos que son observadores de la costumbre.

Otro caso muy común es caminar por un lugar y encontrarnos con una amistad que no veíamos desde hacía mucho tiempo.

Los dos sintieron la necesidad de ir hacia aquel lugar aquel día.

Tiempo después uno de ellos sintió en su mente la presencia de aquella persona y de forma involuntaria decide pasar por aquel lugar para ver si se vuelven a encontrar.

La otra persona lleva tiempo alejada de aquel lugar, sin embargo hoy a pasado por ese lugar y aunque no recordaba para nada lo sucedido anteriormente, su subconsciente mantenía esa información, creando el encuentro de nuevo.

Somos animales de costumbres y creemos que nuestros pensamientos son propios, la inmensa mayoría de la población, vive y muere sin saber el motivo ni la causa que los mueve.

Incluso aquellos que creen que su conocimiento es amplio, cometen los mismos errores, ambos se han estado moviendo bajo la fuerza de la costumbre.

"Despertar no es estar alerta un día"

"Quien duda la verdad, muere en la mentira"

Solo tú puedes ser dueño de tu propio destino, si aceptas la fuerza de la costumbre, vivirás el efecto de tus actos.

Las palabras que acabas de leer, encierran tanto conocimiento, como tú quieras descubrirlas.

Rompe la fuerza de la costumbre, créate un nuevo vocabulario, no repitas palabras expresadas por otros, encuentra tu propia realidad y luego sabrás cuanta alegría se puede encontrar en nuestra existencia.

Yo soy Juanelmanu, tratando de llevar a tu ALMA la chispa que alumbre tu nueva existencia.

YO SOY EL CAMINO
VERDAD DE VIDA
QUIEN LLEGA A MI
TENDRA VIDA ETERNA.

LA FELICIDAD SI EXISTE.

Para entender el significado oculto tenemos que programarnos en este mismo momento diciendo: ESTE ES UN NUEVO AMANECER, mis células están contentas porque ellas van a descubrir la comunión con el todo y este me dará salud, bienestar y alegría.

La felicidad es un estado de ánimo que satura todo nuestro organismo de una dicha que brotando de nuestro interior sale por cada uno de nuestros poros y se desborda en nuestros labios, produciendo una sonrisa especial.

Recuerdo muchas veces haber encontrado a mi ex esposa, frente al espejo del baño, mirándose en el mismo y mientras lo hacía estaba diciendo aquellas palabras que repetía cada vez con más fuerza.

ME SIENTO BIEN, ESTOY BIEN
ME SIENTO BIEN, ESTOY BIEN
ME SIENTO BIEN, ESTOY BIEN.

Mientras continuaba en ese estado produciendo una programación mental, ella movía todo su cuerpo, creando con ello, una especie de danza.

De mas esta decir que yo nunca practique ese ejercicio, sin embargo debo reconocer que ella mantenía mucha más energía que yo, superándome hasta en un 50%, hoy después de tantos años tengo que reconocer que ella estaba en lo cierto.

Por eso hoy comparto con ustedes esta información y se perfectamente que muchos comenzaran a programar su mente para vivir en ese estado alterado de conciencia donde la felicidad no es un mito.

Son muchas las preguntas que nos hacemos y pocas las respuestas que recibimos.

Hoy te invito a formar parte de lo que llamare: "En busca del Camino"

Todas tus preguntas serán contestadas, si la misma la compartimos con otros, estas al final serán analizadas y podremos ver cómo nos ayudamos a continuar en el camino.

Es importante continuar la obra comenzada por el Divino Maestro y que era llevar a nuestra mente esa chispa divina que nos hace despertar de este sueño.

Es responsabilidad de cada administrador, trabajar con sus miembros para lograr una mayor participación.

No hacemos nada con decir que somos millones y solo unos cientos participan.

No te conformes con poner un me gusta, no repitas las palabras de otros, estas en un aula donde todos somos alumnos, aprendemos cuando abrimos nuestro corazón y decimos.

Señor yo existo gracias a tu obra, me expreso con el alma y esta brota con palabras sencillas pero llena de amor, recíbelas pues, con la alegría que la envió.

Todos estamos ansiosos por conocerte, vamos camina junto a nosotros en esta hermosa y feliz vida, tu puedes, tu quieres y tu lo harás porque así está escrito.

Bienaventurado los que abren su corazón, porque de ellos será la felicidad.

YO SOY EL CAMINO
VERDAD DE VIDA
QUIEN LLEGA A MI
TENDRA VIDA ETERNA.

LA HISTORIA

La humanidad en estos últimos 200 años, entro en un proceso de búsqueda.

En nuestro afán por encontrar la verdad, fuimos hacia esa época con el fin de lograr despertar nuestra naturaleza dormida durante miles de años.

Fue de esa manera que surgieron nuevas formas de pensamiento.

Todo aquello se le llamo el RENACIMIENTO.

El ave Fénix estaba surgiendo de sus cenizas.

Todos aquellos hombres habían pertenecido a los grupos religiosos donde se destacaban los Jesuitas, Masones y Rosacruces.

El conocimiento acumulado en las Abadías, era estudiado por todas esas personas encargadas de dar a conocer las interioridades ocultas en aquellos pergaminos.

La tarea emprendida por aquellos

hombres, todavía hoy permanece.
Nuestro caminar nos ha llevado por diferentes caminos filosóficos.
La humanidad no ha podido olvidar la época anterior donde el fanatismo y la ignorancia hicieron de nosotros esclavos, sin cadenas visibles.
"Muchos buscan la verdad y otros dicen tenerla"
Sin embargo cuando entramos analizar sus pensamientos, nos damos cuenta que les falta lo más importante y es la comprensión.
El que sabe mucho quiere demostrarlo y el que no sabe nada, comete el error de opinar de acuerdo a su formación religiosa o filosófica.
La duda y el celo, nos detiene y la lógica pasa a ocupar un lugar sin importancia.
Muchos leen y meditan sobre esas nuevas ideas que surgen como una necesidad de nuestro tiempo.
La tecnología nos permite volvernos participe y nuestra mente con una nueva capacidad a nuestro alcance, nos convierte en buscadores insaciables de eso que todos queremos encontrar y que

llamamos VERDAD.

Muchos participan reproduciendo fragmento de libros escrito por otros.

Son tantos los grupos y sin embargo muy pocos los que se dan a conocer como participantes.

Unos tienen miedo todavía y no quieren crear entre sus amigos, el ser señalados como seguidores pensantes, por eso leen y en algunas ocasiones se atreven a poner un me gusta.

He podido escribir durante todo este tiempo de cosas tan variadas como es la vida después de esta vida.

He desarrollado temas profundos donde la tradición se ha visto en estela de juicio.

Muchos acostumbrados a escuchar información, escrita por personas que la han leído en libros que no conocen, se han apurado en preguntar que cual es la fuente.

Son pocos los creativos, ya que estos sin darse cuenta se han dedicado todo su tiempo a tomar notas de libros escrito por personas que en su tiempo produjeron un despertar, pero sin embargo hoy con el transcurso de los tiempos, estos tienen

que ser actualizados.
Incluso la Biblia cada vez que han hecho una nueva edición, han tenido que actualizarla.
Nuestro caminar no se detiene y la humanidad sigue en busca de la perfección, aunque arrastre la cadena de sus errores.
La perfección solo podemos domarla pero no acabarla.
Lo perfecto carece de movimiento y convertirnos en tal es dejar este plano de existencia.
"Lucha por ser mejor, pero no por ser perfecto"
Eso que llama pecado es relativo, nuestra vida está alimentada por errores y estos nos hacen comprometernos con nosotros mismos para corregir esas debilidades.
Unos sienten un placer inmenso por la comida y su tema principal es el mismo.
Otros viven para contemplar y mejorar su físico, estos se integran en todo lo que sea ejercicios, yoga, alimentación y su tema es el mismo.
Para muchos el sexo es una necesidad que en ellos se agiganta convirtiéndolos en

expertos en esta materia, su tema siempre será dedicado a este tema, lujuria y deseo viven impreso en cada célula de su cuerpo.

Existen los filosóficos religiosos, estos buscan diferentes corrientes que les proporcione un nuevo despertar, estos comparten solo con los afines a su pensamiento.

Todos incluyéndome a mí, se sienten contento con dar a conocer su forma de ver y de sentir la realidad que nos rodea. Somos un solo cuerpo llamado humanos, nos diferenciamos por caminar cada uno en diferente dirección, siempre moviéndonos hacia eso que llamamos perfección.

**YO SOY EL CAMINO
VERDAD DE VIDA
QUIEN LLEGA A MI
TENDRA VIDA ETERNA.**

La humanidad busca lejos, lo que tiene cerca.

La verdad es contemplar la existencia desde la cima.

Pero muchos prefieren estar abaja señalando su altura, las nubes que la rodean, el frio y el viento y cuando encuentran una persona dispuesta a subir la misma, ellos se apuran en decirles, cuidado, puedes marearte, sujétate bien, tú tienes sogas, otros lo intentaron y murieron.

"Es preferible perder la razón, buscando la razón, a vivir sin razón"

Yo estuve a tu lado, me senté a tu lado, pero no me viste.

En mi caminar he encontrado piedras, nunca las dejo para que otro la encuentre, siempre las muevo fuera.

Espero que algún día tú encuentres tu verdad, yo encontré la mía y es la que comparto.

Si lees el libro podrás entender todo lo que estoy diciendo.

Espero que continúes leyendo la segunda parte.

LA LUZ NO PRODUCE SOMBRA.

Seguimos tratando de descubrir los misterios encontrados por mí en mi viaje a DESTINO.

El alto muro que rodea el recinto sagrado donde radica todo lo manifestado en el plano físico, está rodeado de luces que les protege para que las sombras nunca puedan interrumpir la labor que allí se hace.

Una de las cosas que quiero dejar bien claro es que en ningún momento llegaron en el tren, ni recién nacidos, ni niños pequeños, si pude ver jóvenes de ambos sexos.

Tampoco pude ver personas caminando con un impedimento físico, ni siquiera una cojera.

Si los vi vestidos con la ropa que llevaban en su momento de partida, pude observar que algunos venían con ropa de playa, mientras otros vestían de manera formal, también pude ver que los había vestidos con sus ropas tradicionales de la región donde estuvieron viviendo últimamente.

El tiempo como nosotros lo conocemos no existe en este hermoso lugar, nuestra estancia aquí es para entregar la carga preciosa que llevamos cada uno con nosotros y que llamamos experiencia y esto lo dejamos al introducir nuestras manos en la fuente.

Cada uno tiene la oportunidad de elegir cual va hacer la nueva experiencia que desea adquirir.

Un ejemplo seria:

Una persona que ha estado integrada en una religión y en la misma pudo sentir que su camino es seguir en esa misma corriente, el único problema es que esta vez, en lugar de Budista, quiere practicar la religión Musulmana, de esa forma una religión recibe de otra una gran influencia, lo cual puede llegar a mejorar cualquiera de las mismas.

Aquí es fácil ver un ATEO, convertido en creyente y un creyente convertirse en ATEO.

Todo esto no es para que exista un enfrentamiento, esto es para enseñarnos que el AMOR puede practicarse desde cualquier punto de vista.

Cuando la persona logra entender todo el camino, entonces se convierte en guía, estos ya no viven con nosotros, su función es observar, guiar y cuidarnos desde la Quinta Dimensión.

Este punto quiero que lo analices detenidamente.

Todos nosotros tenemos un guía que nos cuida desde la Quinta dimensión y para tu asombro, este desde su posición, retrocede en el tiempo para cuidarnos y guiarnos con el fin de que nuestra experiencia sea lo menos dañina, en definitiva este está cuidando su propio ser.

No podemos confundirnos, los seguidores de la sombra, no tienen esta ayuda, por el contrario estos solo reciben pensamientos del bajo astral y actúan para complacer su parte animal, donde la bajeza del instinto es lo que predomina.

Estos seres tienen que enfrentarse a su propio ser y dominar los instintos.

Hoy en día, existe tecnología para estimular estos bajos instintos, todo ello porque hay entidades que comparten el planeta y se nutren de la energía negativa que emanamos, (miedo, dolor, ira, rencor, sangre y muerte violenta).

La desinformación es total y completa, unos reciben pago por ello, otros son tontos útiles que repiten sin saber lo que están haciendo.

Son muchos los que quisieran dominar el miedo a lo desconocido.

El terror grabado en nuestra psiquis, nos hace temblar frente a figuras que fueron creadas para producirnos ese miedo.

Muchos dicen que tienen fe y hablan de religión y sin embargo cuando escuchan ciertos nombres, tiemblan de miedo.

Durante todos estos meses he venido enseñando la llave que libera al hombre de ese infortunio.

Sin embargo las palabras que no se repiten con fe, solo son palabras.

Te dije lo que tenias que hacer con el sol, saliente o poniente y lo que tenias que decir.

Me gustaría saber cuántos de ustedes lo han venido practicando.

Te comprendo, claro no has tenido tiempo, sin embargo, tuviste tiempo para desayunarte, tuviste tiempo para seguir durmiendo la mañana, claro estabas cansado, es mucho más fácil olvidar que recordar.

Uno de los secretos más grande de la religión católica es la adoración del Sol, incluso cuando decimos AMEN, estamos diciendo AMUN RA.

Cuando observamos los rayos que salen en forma de resplandor detrás de las cabezas de los santos, eso es la representación del SOL.

Entonces porque no dedicarle el DOMINGO, (SUNDAY) día del SOL, a ese astro maravilloso que con su luz, nutre y baña cada partícula del planeta.

Cuando aprendas la lección me cuentas tu experiencia.

TU ESTAS EN MÍ
YO ESTOY EN TI
TU ESTAS CONMIGO.

LA MENTIRA CONDUCE A LA IGNORANCIA.

Son muchos los que sienten temor de que se les conozca tal cual son, muchas veces te cuentan historias que luego ellos olvidan haberlas dicho, sin embargo quien la escucha con atención de seguro recuerda todo.

La variedad de personas que frecuentan las redes sociales, viven una ilusión engañosa, a tal modo que necesitan crear todo un mundo donde llegan a convertirse en otras personas.

Todo ello produce un descontrol emocional donde la persona vive con el temor de ser descubierto(a).

En fin la humanidad sigue aprendiendo a convivir y no encuentra la forma de adaptarse a este sistema que une naciones, razas y distancias.

Es tan sencillo vivir y disfrutar de la vida en paz, armonía, respeto y sobre todo sin explicar a cada instante todo lo que realizamos en nuestras vidas.

Si no aprendemos a dominar nuestro ego, este se encargara de hacer de nuestras vidas una carrera insostenible, donde al final solo encontraremos la angustia de haber creado una realidad inexistente.

Bueno para resumir, habla, comparte, ríe con los chistes que muchos publican y que nos llenan de alegría al escucharlos y sobre todo tu forma de vida solo compártela si así lo deseas de forma privada.

Vivir es la mejor forma de existir.

Dar y repartir amor es una forma de crecer en una saludable armonía.

Para los que no me conocen, por favor, no me mientas, puedo leer las vidas de los demás con solo ver lo que escribes.

Descubrir la mentira, me hace daño.

LA NATURALEZA DEL BURLON.

La ciudad de Miami está situada en una posición donde la posibilidad de encontrarnos con uno de esos ciclones que formándose frente al áfrica, recorren un camino donde el peligro siempre existe.

La tecnología ha permitido a las computadoras el que puedan desde el comienzo seguir su trayectoria.

Los datos que se han ido acumulando les permite a los gobiernos el avisar con tiempo a la población y así de ese modo todos comprenden que deben de seguir los patrones que les permitirá en caso de que algo suceda el poder continuar manteniendo al alcance de la mano, tanto medicinas, agua, comidas enlatadas, ya que lo primero que sucede es que hay que suspender la corriente eléctrica, también se les recomienda el mantener los documentos importantes en lugares seguros.

Las primeras medidas que se toman en la ciudad por parte del gobierno, es el evacuar a las personas de las residencias cercanas a la costa, existen para todo ello lugares designados de ante mano con el fin de asegurar que la permanencia de esas personas sea de forma ordenada y hasta ahora todo eso ha permitido que las personas sobrevivan cualquier amenaza.

Existe siempre la posibilidad de que toda esa preparación se haya realizado y al final el ciclón se desvía y nada sucede.

Otras veces las personas han comprado víveres y se han preparados para lo que pueda suceder, incluso han reforzados sus ventanas, cubriéndolas con maderas, los que no poseen los sistemas electrónicos que cubren todas las entradas, sin embargo el peligro pasa y nada sucede.

Por estar viviendo en esta ciudad durante tantos años, he podido escuchar a los burlones, estos inmediatamente surgen para decir sus teorías.

¡Yo sabía, que no iba a pasar nada!

Siempre es el mismo cuento...

Todo esto es para hacernos gastar dinero...

Viste, no paso nada, te lo dije, no compres nada...

Estos científicos no saben nada...

Siempre alarmando a uno, viven metiéndole miedo siempre a uno...

La burla y la risa, no es porque estos señores sean valientes, por el contrario, he podido ver las caras de estos señores cuando el ciclón había pasado frente a nosotros y estaba en dirección Norte y un día después este retrocedió y penetro la ciudad viniendo desde un ángulo donde los pronósticos no podían imaginárselo.

Estos señores siempre tienen algo que decir: "Bueno esta vez no se equivocaron, menos mal que tengo agua para varios días"

Existen los que quieren ignorar la parte científica y la suerte de nosotros es que estos nunca escuchan la forma en que la humanidad se burla de ellos.

Es terrible pertenecer a un grupo de científicos que luchan en silencio por resolver las situaciones difíciles que la naturaleza, muchas veces caprichosa, amenaza con crear destrucción y muerte.

Existen los que se llenan la boca para decir que lo que importa es el presente, que tratar de ver el futuro eso es mentira y cuento.

Quizás en los países donde ellos están, desconocen que los satélites meteorológicos les brindan información constante a los centros de estudio climático y estos pueden pronosticar con muchos días de antelación, calor, humedad, precipitación, frio, tormentas, en fin toda una cantidad de información que no siempre es toda la que ellos están manejando, sin embargo esta nos ayuda a conocer y prepararnos con antelación.

Así mismo desde el espacio, tanto gobiernos como entidades privadas, registran el espacio en busca de meteoritos y asteroides que puedan poner en peligro la vida de partes de nuestro divino planeta.

Los burlones se llenan la boca para decir, que ese dinero que se gastan en averiguar cosas en el espacio, bien pudiera servir para alimentar a la población del mundo.

Todos esos que se burlan de la ciencia, ninguno de ellos es capaz de compartir con los demás ni un vaso de agua.

"Destruir, es más fácil que construir"

Todos estos señores que hoy se ríen, porque según ellos nada ocurrió el 23 de Septiembre, todos ellos desconocen lo que sucedió en CERN, lo más posible es que ni siquiera conocen su existencia.

Ninguno de ellos, vio al alto ejecutivo de la NASA, pidiéndoles a los empleados de ese organismo que se reunieran con sus familiares y tuvieran siempre preparado una forma para ser ejecutada por ellos en caso de que en algún momento, algo pudiera suceder.

Con el lema: "PRECAVER ES MEJOR QUE LAMENTAR"

Podemos vivir sabiendo que cada miembro de la familia conoce lo que tiene que hacer, ya que cualquier cosa que suceda, el programa de supervivencia familiar será llevado a cabo, en la forma prevista por ellos.

Si los preámbulos que nos está enseñando el planeta, no te dicen nada, pues sigue en tu mundo de burla, en definitiva los científicos no escuchan tu llanto burlón.

Ellos trabajan y trabajan duro para preservan la humanidad de su extinción.

Seguiremos adorando el sol y como dijo el poeta:

"POBRE DE NOSOTROS, SI NO FUERA POR ESAS NUBESILLAS, QUE OCULTAN POR MOMENTO LA LUZ DEL SOL"

Yo soy Juanelmanu y te saludo con amor en este nuevo día.

LA NEGACION.

Ignorar y negar, la existencia de lo que no vemos, es vivir pensando que estamos haciendo lo correcto.

No importa las pruebas que presentes, la incapacidad de muchos les hará repetir como un eco, (ESO NO ES VERDAD)

Negar, negar y seguir negando es la gran virtud de muchos.

Para muchos, todas las enfermedades son mentales y pueden ser combatidas con solo reprenderlas.

Para otros son fuerzas obscuras que se apoderan del individuo.

A diario los científicos tratan de decir que los teléfonos celulares pueden producir en los oídos un trastorno auditivo y en otros casos hasta problemas cerebrales.

Sin embargo la humanidad sigue utilizándolos y cada vez con más frecuencia, casi de forma permanente.

Se les dice a las personas que no envíen mensajes mientras manejan y la humanidad sigue haciendo lo que para ellos no tiene ninguna importancia, en definitiva ellos tienen la capacidad de manejar y escribir y sus mentes están preparadas para rechazar cualquier problema que se presente.

Por todo esto vemos a diario en las noticias, como peatones son atropellados y abandonados después del accidente, esto sin contar las personas que pierden la vida producto de choques.

Los padres tratan de orientar a sus hijos y estos productos de su ignorancia les dicen que los jóvenes pueden hacer cosas que los viejos no pueden.

Hoy los científicos del mundo dicen de los peligros que estamos expuestos, sin embargo para mucho eso es mentira.

"Para algunos solo existe lo que ellos pueden ver"

"Y aunque lo vean frente a ellos, estos van a seguir negando su existencia"

Voy a compartir hoy contigo en pocas palabras una experiencia vivida por mí.

Trabajaba en una compañía distribuidora de cerveza, los sueños repetitivos me decían que allí caería un avión y que la destrucción y la muerte envolverían toda aquella área.

Los tanques de gasolina, petróleo y gas para los camiones se encontraban en un costado de aquel almacén.

Le había contado al presidente de turno de la compañía todo lo que ocurriría y este demostrando un cinismo, me dijo que sí, que el lugar estaba en una posición donde cruzaban muchos aviones que buscaban aterrizar en la pista que estaba a varios metros detrás.

Con aquella frialdad me dijo que él sabía lo que había que hacer.

Cuando le pregunte cual era su idea, sonriendo me dijo: Voy aumentar la prima del seguro y me dio la espalda mientras sonreía.

Claro eso era una solución favorable a sus negros propósitos.

Si caía el avión, la tragedia borraría el robo tan grande que se había estado cometiendo, así que mudo su oficina para Fort Lauderdale y poco a poco fue

moviendo las cosas de valor para el otro almacén.
(Aquel mediodía había llegado de la calle y era la hora del almuerzo).
Estaba en el patio hablando con un empleado del almacén, cuando el inmenso 747 se nos vino encima, sus inmensas ruedas sobre nuestras cabeza, parecían gigantescas, las ruedas tocaron las puntas de los pinos que están en la cerca de atrás, el del almacén gritaba (mira, mira, mira). Levante mi brazo y la palma de mi mano quedo en Angulo con la barriga de aquel inmenso avión y comencé a gritarle (sube, sube, sube); movía mi brazo hacia arriba y aquel avión comenzó a tomar altura suficiente para poder levantar la parte delantera y ponerse en posición para volver a coger altura, los motores trepita ron y lentamente el avión se alejo de nosotros la distancia suficiente para poder llegar a la cabecera de la pista donde aterrizo sin problema.
(El piloto y el copiloto, toda su vida se estarán preguntando cómo fue posible que ellos subieran lo suficiente para poder hacer esa maniobra)

El hombre del almacén no podía creer lo que había pasado, este asombrado me dijo, sin todavía entender lo que había pasado (coñ- lo subiste con la mano), viste eso, las ruedas tocaron el pino.

Kiki Ferrer era el jefe de los camioneros y este ser repugnante, hipócrita, era enemigo a muerte mío, por mucho perdón que le daba, este seguía conspirando en todo momento por mi destrucción FISICA, intentándolo varias veces, sin poder lograr su objetivo, ya que todavía estoy vivo.

Este salió del almacén y gritándome me dijo, vas a seguir con lo del avión, es hora de que pares ya con eso, tienes a todo el mundo preocupado, no quiero oírte más hablar del jodido avión.

El hombre que llego corriendo era el jefe de los talleres de mecánica donde estaban los tanques de petróleo, gasolina y gas y este estaba almorzando cuando lo vio todo desde el lugar donde estaba.

Este le grito a Kiki que se callara la boca, que él no sabía lo que había pasado, que ese avión había subido alejándose de los pinos y que la punta del avión estaba apuntando a tierra y que eso era imposible de que sucediera.

El cínico de Kiki, bajando la voz dijo: Bueno pero no digan nada, que nadie se entere, me miro y dibujo una mueca con su boca y se alejo hacia el interior del edificio.

(Eso es algo vivido por mí, por todo ello comprendo que aunque tú hagas el milagro frente a los ojos del mundo, este siempre te va a pagar con la ignorancia)

Yo soy Juanelmanu y siento haberte molestado, hoy lunes 21 de septiembre de 2015.

LA OFENSA.

Sabemos que somos muchos los que vivimos y crecemos en el planeta.

Ofender al que no comparte nuestra opinión, no es nada saludable.

Son muchos los que sin molestarse a leer una información, salen a criticar guiándose solamente por el título.

Cuando ofendes, demuestras que tu capacidad de entendimiento tiene un límite y la información de leerla ocuparía toda tu masa encefálica.

No tienes que ofender a los demás, cuando comparten algo que no es de tu agrado, simplemente lo ignoras y si necesitas expresarte, lo puedes hacer diciendo que no crees nada de lo manifestado.

Expresarte en internet es algo serio y necesitamos respetarnos para poder seguir conviviendo.

Nuestras opiniones muchas veces pueden ser aceptadas y asociadas con nuestro lugar de origen.

Debemos de comenzar a cambiar nosotros, después veremos que ese cambio se manifiesta en nuestro alrededor.

Los malos políticos es un reflejo de nuestra acción.

Cuando publicas las cosas malas de tu país, estas echando leña al fuego y eso solo ayuda a los enemigos invisibles que poseen todos los pueblos.

Esta información puede ser aplicable a muchos casos, pero en este especifico me estoy refiriendo a una persona que de forma indebida, salió a criticar un link donde se hablaba de las muchas bases, extraterrestre, terrestre y hasta intraterrestre, negar la existencia de las mismas es vivir en un mundo donde la tecnología no existía, donde el espacio era una frontera inalcanzable, donde no conocíamos los templos de hace muchos milenios y todo estaba oculto bajo tierra.

Si tu religión o tu creencia no te permite aceptar esta realidad, de veras lo siento, pero el hecho es que la información la puedes buscar si te decides a ello, por el momento no pienso perder mi tiempo buscando y poniendo donde existe toda esta información, ya que de todos modos tú no tienes interés en adquirir la misma.

Para esos que creen que el único medio de transporte es el caballo, les diré que en este mismo momento existen puertas dimensionales por las cuales van a mover ciudades enteras, así que les recomiendo que busquen información antes que sea demasiado tarde y no podamos seguir comunicándonos por este medio.

Suerte y que viva el respeto entre todos los terrícolas.

"DESPERTAR NO ES SOLAMENTE ABRIR LOS OJOS"

LA REENCARNACION.
Existen tantas opiniones distintas, donde cada uno trata de expresar la opinión que tienen de este tema.
Para muchos la reencarnación es producto del Karma.
"Solo pueden regresar los que han cometido una falta"
Lejos están de la verdad, los que así piensan.
Espero que este ejemplo les sirva para ilustrar nuestro proceso en esto que llamamos existencia.
El niño nace, va a su escuela y según avanza en edad, así su cerebro se va expandiendo acumulando cada vez más información.
Unos niños nacen para ser educadores y otros para ser educados.
Aquellos niños crecieron y cada uno de ellos opto por un camino diferente.

Unos se dedicaron a trabajar con sus manos y otros con su cerebro.

El grado de evolución que uno alcanza en una vida, te servirá para sostener las próximas.

Cuando ya creías que lo sabías todo, regresaste para convertirte en un científico, buscando y arreglando el mundo en que vivimos.

Entonces el camino es tan largo, como tú quieras convertirlo.

(Si te apuras en leer, nunca vas a entender lo que has leído)

Ser inconforme no es rebelarte a todo lo establecido, simplemente es una forma de salir a buscar lo que a tus ojos no se manifiesta.

"Solo enseña el camino a la cima, quien ha podido ver el mundo desde esa altura"

El millonario paga una fortuna para poder observar desde el espacio, lo pequeño que somos.

Los astronautas pagan el viaje con el conocimiento adquirido por ellos.

Sin embargo ambos disfrutan el mismo espectáculo.

Unos suben la cima caminando y otros en helicóptero.

Las formas varían, según tú te hayas preparado.

No es lo mismo un relato, que una vivencia.

Un verdadero alpinista, se prepara físicamente y mentalmente, pero además comprueba que su equipo esté completo, prever situaciones es evitar el desastre.

Tú puedes si quieres. No solo de deseos vive el hombre.

Mientras seguiremos diciendo.

YO SOY EL CAMINO
VERDAD DE VIDA
QUIEN LLEGA A MI
TENDRA VIDA ETERNA.

LA RESPUESTA.

La palabra más usada por la humanidad es ¿POR QUE?

Desde temprana edad comenzamos a usarla, luego siendo joven y al final de nuestros días, la seguimos repitiendo.

En este laberinto llamado existencia, usamos los pequeños conocimientos que vamos adquiriendo, como freno a los nuevos conceptos que van surgiendo en el camino.

Es una lucha entre yo sé y tú no sabes.

El enfrentamiento diario de los polos muchas veces termina en forma desagradable.

Religión, política y sociedad están en completo enfrentamiento, cada uno defendiendo su parte.

Muchos hablan de comprensión, bondad, amor y sin embargo son pocos los que lo practican y esto existe en todos los niveles.

El significado variado de una misma palabra, hace que muchas veces escuches lo mismo, en diferentes formas de expresión.

La unidad de criterio no existe, aunque muchos pregonan que sí.

La inconformidad está arraigada en nosotros de tal forma que sentimos por momento deseo de algo y luego cuando lo tenemos, dejamos de darle valor.

Vamos al cine para ver la última película que a nuestro criterio es de nuestro agrado, vivimos la emoción mientras estamos sentados contemplando la maravilla de los efectos nuevos y luego cuando salimos, ya la magia que nos lleno de ilusión, se perdió, se fue, se desvaneció por completo, esto es aplicable a todo lo que nos rodea.

Buscamos respuestas y cuando la hayamos no le damos valor.

¿Aquí nadie sabe nada?, ¿Como tú lo sabes? ¿Quién te lo dijo? ¿Yo no lo creo? ¿Nadie sabe la verdad?

En fin son tantas las escusas y todo para no aceptar que lo que escuchan tiene lógica.

La verdad aunque la escuchen, nunca será aceptada.

¿Si no lo veo no lo creo? ¿Eso es mentira?

La humildad no tiene cabida en este tiempo.

El fuerte impone su criterio y su opinión es la única valedera.

"Es difícil descubrir la realidad que no existe"
"Cuando mas despierto estas, es cuando duermes"

LA TEORIA DEL DESENCANTO.

Durante mucho tiempo la humanidad ha estado viviendo en la espera del libertador de sus males.
La historia más reciente se remonta a dos mil años, Judea vivía tiempo de dolor y muerte, el Karma continuado llegaría hasta nuestros días.
"Lo que mal comienza, mal termina"
El muro de los lamentos ha sido testigo inexorable del dolor de sus habitantes.
Las diferentes formas de pensamiento que dominan la región, todas carecen de humildad, por todo ello el enfrentamiento diario solo produce dolor y muerte en la misma.
Si nos remontamos a la época de Abraham, veremos que la tierra prometida la ocuparon arrebatándosela a

otros que indefensos no pudieron defenderlas.

Subsistir en aquella época, era controlar la región que fuera rica en agua y vegetación.

Mientras unos se dedicaban al cultivo, otros se dedicaban al pastoreo.

La rivalidad entre ambos era motivo de constante disputa.

Hoy en día cada uno defiende un pedazo de ese mundo donde en la antigüedad se desarrollaron los hechos que dejaron en la memoria de esos pueblos su historia.

Los herederos de Abraham, reclaman el trono y en nombre de este se matan entre ellos.

El mal no tiene cura, ya que ambos dicen tener el derecho de única existencia.

Mientras los pueblos se enfrentan en un odio interminable, las religiones piden al creador les envié su representante para acabar con tan inútil existencia.

Desde lo profundo del Universo, el **SEÑOR DE LOS CIELOS**, contempla el odio que existe en los dos pueblos y conociendo que no hay otro camino, envía la destrucción de ambos.

Las dos fuerzas religiosas por desacuerdo de la ley del amor, son eliminadas de la superficie de la tierra, dejando a los creyentes en el más profundo silencio.

Como el mal creo otro mal, otras religiones se verán en la misma situación.

Las tres potencias religiosas, tendrán que aceptar el fracaso de no haber podido darles a su pueblo, lo que estos tanto necesitaban, AMOR, COMPRENSION Y RELIGIOSIDAD VERDADERA.

Para muchos esto sucederá producto de una gran guerra, sin embargo, la acción sanadora llegara como LADRON EN LA NOCHE, PARA ROBARTE EL SUEÑO.

La fuerza exterior se hará sentir en muchas partes del planeta, para suerte de la humanidad esta llegara en pequeños fragmentos.

Luego de este acontecimiento podremos volver a ver a los SEÑORES DEL CIELO, esos que un día fueron nuestros creadores.

Entonces la humanidad, tendrá que cambiar su conducta y todos esos pensamientos erróneos que voluntariamente hemos estado divulgando, se verá que todo eso, era producto de un gran programa de desinformación para alejar a la humanidad de su verdadera naturaleza.

Sé que entender todo lo que escribo para muchos produce un dolor inmenso, sobre todo para los que con vehemencia han estado divulgando ideas y conceptos que ellos nunca debieron de hacer.

Incluso hoy que les estoy abriendo los ojos a esta realidad que llegara inexorablemente, ellos continuaran en el camino que según creen es justo y necesario.

En fin dejemos que sea la vida, quien te enseñe, lo que hoy aquí te estoy diciendo.

El VER PARA CREER, no fue dicho en ningún momento por TOMAS, eso solo te lo pusieron en la mente para crearte la duda.

Mientras llega nuestro DESTINO, seguiremos diciendo.

YO SOY EL CAMINO
VERDAD DE VIDA
QUIEN LLEGA A MI
TENDRA VIDA ETERNA.

LA TRAMPA LLAMADA KARMA.
Si no entiendes que está mal llamada vida es una trampa.
"Despierta" porque estás viviendo en ella.
Quiero decirte que no necesitas pecar, para ser un pecador.
Por años se nos ha estado diciendo el cuento de la manzana y que producto de aquel pecado la humanidad se sumió en una desgracia.
Nos llegaron a decir que la serpiente fue quien le hablo a Eva y esta probo la fruta prohibida, haciendo que Adán la siguiera mordiendo también.
Así que la humanidad estuvo pagando el pecado de la MORDIDA.
En México, la mordida se hace sin utilizar la manzana.
Luego se nos dijo que Jesús había venido para limpiar aquel pecado y su sangre

había derramado para limpiar nuestros pecados.

Hoy en día puedes aceptar o rechazar, la opción es tuya, tu eres el dueño de tu propio destino.

Por lo menos eso es lo que nos dicen en este momento.

La palabra de orden que repetimos sin darnos cuenta una y otra vez:

"EL LIBRE ALBEDRIO NOS HACE SER COMO SOMOS"

Si en verdad te has creído la historia de que eres libre para elegir y que tus pensamientos son y nacen de tu propio ser.

Creo que debes de meditar sobre si eres en verdad un libre pensador.

La humanidad ha sido controlada y manipulada por todos los que conociendo la verdad la utilizaron en provecho propio.

Créeme son muchos los que participan en esta mentira, incluso nosotros con nuestra apatía, ayudamos a la esclavitud de nuestra alma.

La indiferencia y la prepotencia de muchos nos han llevado a un enfrentamiento donde no existen los vencidos ni los vencedores.

La única parte que se nutre con nuestra actitud es el KARMA, cometemos a diario un sin número de acciones que nos llevan al remordimiento y esto se estimula por gobiernos y religiones para continuar el juego de esta mal llamada VIDA.

Si esto es vida, que venga Dios a verme, pero que lo haga rápido.

Vivimos esta existencia rodeados de personas que defendemos una y otra vez diciendo que no todos están en el mismo nivel de evolución.

Hasta cuándo vamos a seguir ciegos frente a una realidad que se desborda.

Si no tienes el valor de decir:

"PADRE EN TUS MANOS ENCONMIENDO MI ALMA"

Si no tienes ese valor, que solo logran los que han mantenido la fe.

Entonces sigue viviendo en el AQUÍ Y AHORA, disfrutando de los placeres y dolores de la carne, la cual descubrirás que es polvo.

Si mis palabras no te hacen recapacitar, simplemente es porque has perdido la fe.

Esa fe es la llave que te permitirá regresar a ese cuerpo inmortal que un día dejaste para vivir la experiencia de la carne.

Mientras meditas sobre tu vida, recuerda siempre la palabra del DIVINO MAESTRO.

YO SOY EL CAMINO
VERDAD DE VIDA
QUIEN LLEGA A MI
TENDRA VIDA ETERNA.

LA TRINIDAD.

La Enciclopedia Americana dice – "El trinitarismo del siglo IV era una desviación de las primeras enseñanzas cristianas." Esta enseñanza fue adoptada en el "cristianismo" de las religiones paganas de Egipto, Babilonia, desde el hinduismo, e incluso desde el filósofo Platón, que enseñaba la creencia de la trinidad aprox. 400 años antes de Jesús. Por último se convirtió la trinidad no en la enseñanza central de la iglesia a causa de la Biblia, pero debido a la orden del emperador romano Constantino, que era pagano en sí mismo. Realmente no podría importarle menos sobre las enseñanzas de la Biblia, pero sólo quería terminar con el debate entre los líderes de la iglesia para mantener la unidad en su reino. Después de haber tomado esa decisión en el año 381, cualquier persona que abiertamente estaba en desacuerdo con la trinidad fue violentamente perseguida o muerto con el permiso de la iglesia.

"Descubriendo los misterios"

La Glándula Pineal, siendo una parte física en nosotros alimenta una parte ETEREA.

Esa parte ETEREA se compone de dos caras.

En la izquierda EL ALMA.

En la derecha LA CONCIENCIA.

El ALMA es el verdadero SER y ocupa la cima del triangulo.

La base del triangulo está compuesta por dos puntos distantes entre sí, según es el diámetro del triangulo.

En la izquierda el espíritu

En la derecha el cuerpo físico.

EL CONOCIMIENTO, alimenta el triangulo, creando en el mismo el que este se amplié.

El ser humano que no se conforme con las reglas establecidas para mantenerlo en la ignorancia, romperá los hilos invisibles que los atan al DOGMA, estos saldrán en busca del horizonte que amplía el triangulo.

Durante muchos años se nos ha mantenido oculto el significado que encierra el triangulo.

Se nos enseño que este estaba formado por el Padre, el Hijo y el Espíritu Santo.

Observen que en todo está representado lo masculino.

Lo que no te dijeron es que ese triangulo existe, porque está dentro de un circulo que le da vida y forma.

El CIRCULO es el origen de todo, de el brotan todas las ramas del árbol de la vida.

Esa GEOMETRIA SAGRADA que parte del circulo se llama VACIO y ese VACIO es el comienzo de todos los numero.

Hoy te presento a la creación en su forma más natural que es el CERO (0)

Se nos dijo que el CERO a la izquierda, carecía de valor, sin embargo sin él los números a la derecha carecen de sentido.

Las escuelas iniciáticas en sus más altos grado enseñaban el PI y lo representaban como el conocimiento que se muerde la cola. (Una serpiente en forma de círculo que se muerde el rabo).

Hoy se nos trata de confundir diciendo que la serpiente (Kundalini) (Conocimiento) (Energía Vital), representaba una especie Extraterrestre conocida como Reptiliano.

Desinformación y Desinformadores, unidos para producir en ti la demora.

Los Masones conocen a Horus como el hijo de la Viuda. (ISIS)

HORUS, representa el ojo que todo lo ve y es la glándula Pineal, tu ALMA.

Despertar el ojo es despertar la conciencia y esta forma una base piramidal donde la cima está en la QUINTA DIMENSION.

Nuestro YO que espera para volverse a unir con nosotros.

YO SOY EL CAMINO
VERDAD DE VIDA
QUIEN LLEGA A MI

TENDRA VIDA ETERNA.

LA VERDAD NO EXISTE.
Son muchos los que repiten la misma pregunta.
¿Qué es la verdad?
Se dice que Poncio Pilatos le dijo a Jesús, esta pregunta.
Muchas escuelas filosóficas tanto en Roma como en Grecia, se habían hecho la misma pregunta.
Han sido muchas las explicaciones y cada una encierra el canal de información recibido por la persona que proporciona una respuesta.
Hoy vamos a conocer la opinión personal que cada uno de ustedes, tiene de esto que ha llegado hasta nuestros días, como una gran interrogación.
La verdad es tan amplia, que esa sola palabra lo abarca todo.

Para unos la verdad es relativa, para otros la verdad de hoy es la mentira del mañana.

El estado de opinión de muchos, se basa únicamente en lo que escuchan en los medios de noticias.

Una de las formas más común de hacer un comentario, es hacer mención de la persona, un ejemplo clásico es cuando nos dicen: ¿Escuchaste lo que dijo (fulano) en la noticia?

Después de esa introducción, la persona comienza a explicar lo que según su punto de vista, ella capto de esa información.

En un 90% la persona altera todo el sentido que escucho, haciendo con ello una nueva versión de ese hecho.

Increíble el mundo que nos rodea, seguimos en la era espacial, viviendo con una diminuta parte de nuestro cerebro.

Pensar se ha convertido en un pecado y expresar una opinión aunque sea simple representa un gran esfuerzo.

La humanidad se ha concentrado en cuatro temas y salirse de ese patrón es muy difícil.

Política, religión, amor (sexo) y enfermedad, son los que dominan por completo nuestra vida, aquellos que quieren diferenciarse estos hablan de la novela que está de moda y repiten la escena que se produjo la noche anterior.

Los libros de más venta en el mundo entero son aquellos donde el amor y el sexo están de manifiesto.

Nuestra juventud y algunos que ya no son tan jóvenes, sienten un gran placer al contemplar esas películas de zombis, vampiros, fantasmas, todo lo desagradable y terrorífico que el cerebro haya podido concebir.

Nuestra parte sexual está siendo bombardeada por nuevas ideas, todas para crear la mayor cantidad de desviaciones que para muchos ya son normales.

No podemos olvidarnos de esos que pretender que el mundo marcha en forma perfecta y que su vida es lo más importante y el resto que se la arregle como pueda.

Aquellos que un día caminaron por el precipicio y encontraron en la religión una tabla de salvación, esos en su afán de llevar la luz a los demás, producen muchas veces por su terquedad más daño, estos todos terminan en el fanatismo, donde la sensatez y el buen juicio no tiene cabida.

La verdad no es de quien la tiene y nadie quiere encontrarla.

Es mucho más fácil poner en duda lo que se escucha decir de ella.

Muchos repiten que estos tiempos son terribles, que el fin tiene que estar cerca ya que la injusticia y el desamor son el pan de cada día.

Llegamos nos vamos, regresamos con otro cuerpo y todo sigue igual, el patrón de conducta no se altera porque el planeta desde su origen fue concebido como un gran recipiente, donde vivir la experiencia de la carne es la única forma existente.

Hablar de la miseria que nos envuelve y decir que tienes la solución de los problemas que nos rodean es vivir en el engaño.

Muchos culpan de la miseria humana a otros humanos y un grupo nuevo han

creado el nuevo concepto de que la culpa de todo lo tienen los reptiliano.
Cada uno tratando de decir su verdad, sin importarle si la misma es aceptada o no… lo más importante es decir que la culpa es de los demás y nunca de nosotros.
En nuestro afán de ocupar un puesto en esta multitud, veremos personas que estarán diciendo con sus propias palabras lo que hemos estado diciendo y que muchas veces ellos nos criticaron.
En fin, yo no voy arreglar el mundo, este mundo está compuesto de millones de mundo que en forma individual buscan y creen tener por momento la VERDAD.
Solo me queda decir las mismas palabras con la que comencé esta información.
"LA VERDAD NO EXISTE"

YO SOY EL CAMINO
VERDAD DE VIDA
QUIEN LLEGA A MI
TENDRA VIDA ETERNA

La vida de Emanuel es mucho más hermosa que todo lo que nos dijeron, su obra encierra el poder de su sacrificio, su cuerpo no fue tocado, sin embargo las marcas en su cuerpo reflejaban el dolor intenso que recibió Santiago al ser torturado y crucificado, su cuerpo está en Cachemira y el de Santiago en Compostela.

Su función nunca fue enseñarnos la resurrección de la carne, su obra estaba dedicada por completo a educar a sus hermanos en el difícil arte de amar al prójimo y eso los zelotes no lo podían permitir.

Hoy como ayer los celos y la envidia de personas mezquinas no permiten que la luz tome forma.

Por sus hechos los conoceréis… ¿Entra en sus páginas y veras lo que dicen?

Ten paciencia, todos van a conocer la verdad, es mucha la historia y poco el tiempo

LA VIDA ES UN DILEMA.

Comenzamos por el famoso: "TO BE O NO TO BE"
"SER O NO SER"
"CREER O NO CREER"
"EXISTE O NO EXISTE"
"ES BUENO O ES MALO"
"ES JUSTO O ES INJUSTO"
"REALIDAD O FANTASIA"

Existen tantas formas para señalar lo mismo, que sería completamente imposible enumerarlas todas.

El dilema deja de serlo cuando nos inclinamos hacia una de las partes y aunque la decisión sea incorrecta, hicimos lo correcto.

Este enredo de palabras de sí y no, puedo o no puedo, es una manifestación de nuestra existencia.

Nuestra vida que pudiera ser limpia, pura y cristalina, es todo lo opuesto.

La vida es un tormento y solo logramos dominarla cuando utilizamos nuestra inteligencia para encontrar la solución a cualquier situación que se nos presenta.

No nos podemos rendir, ni nos vamos a rendir, lucharemos con fuerza por alcanzar el siguiente día.
Ese día que representa un nuevo amanecer.
Situaciones, vendrán y se irán, no aceptaremos el permanecer inmóviles.
Nuestra verdadera fuerza está en descubrir que somos unos seres extremadamente importantes en el universo.
Creer o no creer, no nos va a detener en nuestra búsqueda, hoy conocemos que existen dimensiones superiores e inferiores.
Somos una nota musical que produce RITMO y ello produce sonido y ello trae consigo armonía o desarmonía.
Somos nosotros quienes decidimos que lugar ocupar en el pentagrama.
El sol que brilla esta mañana sin lluvia, llena de alegría el ambiente que me rodea, mi corazón despertó contento al contemplar ayer que muchos jóvenes participaron y compartieron la información que di, incluso muchos me escribieron directamente para saludarme.

Amigos, el sol que brota en la tormenta, nos da una esperanza y esa juventud que está llegando, aunque traten de confundirla, manipularlas y controlarlas, esa es la nueva tierra, esa es la nueva luz, esa es nuestra esperanza, no todo está perdido, la verdad se abrirá paso y la tormenta que nos impusieron a nosotros dejara de existir.

No son palabras son hechos, estos jóvenes que están llegando al planeta, no nacen aquí por Karma, ellos son voluntarios que llegan de lugares remoto a dirigir y liberarnos de las ataduras que nos llevaron a morir y nacer, en un mundo controlado por usurpadores.

El dilema termina, al nosotros tomar una decisión.

El camino es amplio y todos podemos caminar por él.

Bienvenidos todos a esta nueva era que ya comienza.

TU ESTAS EN MÍ
YO ESTOY EN TI
TU ESTAS CONMIGO.

Juntos haremos la diferencia.

"LA VIDA ETERNA"

¿Existe en verdad la vida eterna?
¿Dónde radica la eternidad?
¿Somos eternos?
¿Por qué, hablamos siempre sobre la vida eterna?
¿Por qué, ahora decimos: "QUIEN LLEGUE A CERN"?
¿Qué tiene que ver CERN, con la vida eterna?
Estas y otras preguntas, se la están haciendo muchos de nuestros amigos, personas súper despiertas que se fijan en el más mínimo detalle.
Nuestra lucha esta en descubrir si todo lo que nosotros decimos, es cierto y lo que es más aun, si tenemos prueba de ello.
Prometo contestar estas preguntas.
Pero primero quiero escuchar las opiniones de cada uno de ustedes, de esa forma podre saber lo que has aprendido en tu caminar.

¡Medita la pregunta y contéstala sabiendo que otros pueden aprender con tu enseñanza!

"Todos somos maestros y alumnos y nuestra escuelita es la vida"

LA VIDA.

Muchos se preguntan que es la vida y cada uno encuentra diferente respuesta, las hay simple y las hay complicadas.

Si la persona tiene un grado escolar avanzado, este tratara de describir la misma empleando las más raras palabras posibles, ya que las mismas según su conocimiento encierra su capacidad intelectual.

Una persona con poca cultura pero con un alto grado de sensibilidad, nos podía dar en pocas palabras la sabiduría que encierra en su alma.

Un ejemplo seria:

"La vida es la acumulación de hechos que envuelven una existencia"

Hoy me gustaría conocer, como tú visualizas la vida.

LA VIRTUD DE SER

Ser tu amigo es una gran virtud, tienes una inteligencia natural que pocas personas en el planeta te pueden entender.

La gran mayoría se pierde en discutir algo que ellos no entienden.

Muchos comentarios he recibido sobre este post, pero ninguno pudo descubrir todo lo que el mismo encerraba.

La humanidad ha estado viviendo y aprendiendo sobre conocimientos que solo lo estaban alejando de eso que nosotros llamamos VERDAD.

Existen muy buenos pensadores en los diferentes grupos donde escribo, sin embargo ninguno logro llegar hasta ese punto.

La fuerza de la costumbre crea el hábito y las personas razonan según la escuela en que se han desenvuelto.

Para muchos su patrón de vida está basado en el espiritismo, ellos viven amarrados a los conocimientos y estudios dejados por Kardec y todo lo que no haya sido elaborado por este, no puede ser aceptado, pues para ellos eso sería traicionar las enseñanzas.

Viví una vida anterior en Bavaria, muy cerca de aquel que cambio la forma de pensar del mundo y lo llevo al odio y la destrucción, aunque era un niño eso no evitaba que mi ser pudiera aprender todo aquello que me rodeaba.

Luego naci en Cuba, donde pude ver como se aplicaba a un pueblo los métodos más avanzados de espionaje y contraespionaje, un caos donde la locura se apodero de las masas creyendo que los dioses eran de carne y hueso (materialismo).

La doctrina de Marx con su teoría materialista paso a sustituir las imágenes de Jesús en las iglesias.

La religión grupal se convirtió en la religión individual, los negros de áfrica volvían para conspirar en silencio con sus Orichas, fue así que la santería y la brujería ocupo cada casa en un pueblo que antes decía ser católico.

En fin siempre creemos que estamos siguiendo lo justo y verdadero, luego despertamos de ese romance y la realidad sustituye la fantasía.

Creamos y destruimos con la misma velocidad, aceptamos y rechazamos y cada día creemos que es lo único existente.

Comencemos a elaborar los detalles que no pudiste encontrar, porque te amarraste a esa tabla, que en tu mar de confusión pensabas que te salvaría y te salvo, pero no te llevo a la orilla, has estado luchando en ese mar de confusión y has tenido que enfrentarte a tus propios miedos.

"Es más fácil llenar la copa vacía, que la copa llena"

Entonces por un momento de tu vida, relájate y saca toda esa información que acumulaste en tu caminar, este no es un momento para enfrentar lo que sabes con lo que vas a saber.

Ábrete a la información y recibe la misma, sin importar lo que has creído hasta este momento, política y religión han creado confusión y nunca pudiste encontrar la SOLUCION.

En un principio el CAOS, y ese caos no tenia forma existente, era el gran vacío.

El CAOS (el vacio) tomo forma de círculo.

El círculo es la CREACION.

La creación al transformarse en circulo nace del punto central, este puede ser visto, (existe el punto) o puede imaginarse el mismo ya que aunque no se vea se sabe que existe un centro. (Circulo sin punto).

Ese punto es el UNO.

El Dos es la masa que encierra ese círculo.

El TRES es la línea que forma la parte exterior del círculo.

El círculo exterior ha dado lugar al PI y esto se manifiesta en el CUATRO y el CINCO. (Alfa y Omega, principio y fin.

Estas cinco partes a su vez van a dar forma a los ELEMENTOS.

AIRE, FUEGO, TIERRA, AGUA, ETER.

Las tres primeras manifestaciones dan lugar al mundo bipolar y surge el SEIS, lo que es igual a dos veces tres.

Los cinco elementos unidos al alfa y al omega dieron lugar al SIETE.

El siete unidos al punto formó el OCHO, la eternidad del círculo.

La dualidad reclama su presencia y se forma el NUEVE con las tres partes repetidas tres veces.

LA GEOMETRIA SAGRADA A TOMADO LUGAR y esta seguirá reproduciendo su origen.

El DIEZ (Deus-dios) se manifiesta al rebelarse el punto, este pide ocupar el primer lugar y que el cero ocupe el ultimo.

La lógica empleada por el punto es que sin el centro no existiría el círculo.

Ahora como ser pensante que eres, has pasado de la obscuridad a la luz eterna.

La decisión de vida queda de tu parte, puedes vivir en la eternidad del circulo, puedes formar parte de la rebelión del punto, puedes pasar a formar parte de los elementos, (cada uno con una característica propia) o puedes vivir para

ayudar a otros en el camino interminable de eso que forma el **ALFA Y EL OMEGA**.
Mientras tú te decides, aceptar mi oferta o rechazarla, yo seguiré diciendo.
YO SOY EL CAMINO
VERDAD DE VIDA
QUIEN LLEGA A CERN
TENDRA VIDA ETERNA.
Todas las ideas y conceptos expresados aquí son de mi autoría, nunca nadie se atrevió a divulgar tantas verdades, aceptarlas o rechazarlas es tu decisión.

LA VISION NO ES AMBICION.
Después del diluvio, los Anunnakis se sintieron en la obligación de repoblar el mundo, grandes ciudades estaban bajo las aguas y allí permanecerían durante miles de años.

La forma más rápida era traer fragmento de ciudades de otros planetas.

Todas las culturas mantienen en sus relatos, aquellos días de obscuridad donde después ya todo era diferente.

Esos habitantes, se vieron viviendo en el mismo lugar donde estaban antes de la obscuridad, sin embargo, todos pudieron ver que el cielo había sufrido un gran cambio, muchos que antes tenían varias lunas, ahora solo tenían una,

La obscuridad había dado paso a una nueva existencia y nadie podía encontrar una explicación a lo ocurrido.

Hoy en día podemos ver, que cada región posee una vida completamente diferente una de otra, los animales, viviendas, costumbres, vestimenta, plantas, creencias, y color de piel nos dice que la creación quiso dejar aquí una muestra de lo que había fuera.

Son muchos los que se preguntan cómo son los extraterrestres y la respuesta es bien simple, observen el mundo y verán la muestra de todo lo que existe lejos de aquí.

Verdad y mentira se unen en un abrazo donde la desinformación toma vida.

Aceptar que los Anunnakis eran Reptiliano, es ofender la inteligencia de cada uno de nosotros.

Se nos quiere confundir diciendo que eran seres Híbridos y que estos están entre nosotros, más aun, que son nuestros gobernantes.

El protagonismo les hace llenar páginas y videos de desinformación, desgraciadamente esto les produce a ellos un gran dividendo económico.

Desconocer la verdad no nos autoriza hablar de ello.

Los Reptiliano vivían en muchos planetas dentro de la tierra, cuando los Anunnakis comenzaron a repoblar el planeta, muchos de estos seres fueron traídos y ellos como no conocían como era el exterior, nunca supieron que ya no estaban en su país de origen, de aquí sale la desinformación de que ellos siempre estuvieron aquí.

Las fuerzas telepáticas de las diferentes razas, comenzaron la comunicación con su fuente de origen, dando lugar a que muchas entidades de otras galaxias, sintieran la curiosidad de ver el experimento por sus propios ojos.

Ahora nos encontramos con superpoblación y desgraciadamente no todos quieren vivir en armonía, el descontrol moral y político económico ha creado un desajuste en la sociedad y esta se prepara para limpiar, todo ese lastre que nos hundiría a todos en un caos.

Serán muchos los lugares que desaparecerán sin una explicación científica.

Los medios existen y serán puestos en práctica, ciudades, pueblos, cárceles, barrios, todo lo que su vibración demuestre que no está en armonía, será desintegrado.

Ahora ya sabes el porqué se ha permitido que la humanidad tenga lo opción de elegir con quien vivir, donde vivir y como vivir.

Es bueno saber que Sodoma y Gomorra no fueron destruidas por el mal que allí existía, aquello fue por envidia ya que eran pueblos ricos donde el comercio era superior a todo lo que le rodeaba... La

Sal y el Petróleo eran una riqueza que les dio fama y fortuna.

La Sal le permitía hacer un intercambio, ya que era de necesidad para otros pueblos. El petróleo les permitía mantener las antorchas encendidas de día y de noche, el espectáculo de noche era impresionante, esto daba lugar a que existieran los lugares donde el placer, el vino y la cerveza embriagaban los sentidos de aquellos que llegaban para hacer negocio.

Las hijas de Lot quedaron en estado de los tres hombres enviados a destruir la ciudad, luego se diría que Lot estuvo con ellas y que los tres hombres eran ángeles.

Una mentira, crea otra mentira y así aumenta el tamaño de la pequeña bola de nieve que desciende por una montaña.

Como se explica que la única familia que no participaba en las orgias y que fueron salvadas por ser honestas y puras, luego se nos diga que las hijas emborracharon al padre para tener relación con este y así volver a poblar el mundo. Por lo visto Dios les permitió que salvaran el vino para que pudieran realizar sus planes.

En fin la confusión ha sido elaborada antes y después y ahora que estamos despertando nos siguen considerando ovejas.
Solo encuentra la verdad quien la busca.
En mi libro Sodama y Gamorra se relata todo lo que me fue revelado.
Tú estás en mí.
Yo estoy en ti.
Tú estás conmigo.

LAS ALAS DEL ALMA.
Quizás nunca te has puesto a pensar, el gran instrumento que representa nuestra almohada.
Cuando decidimos irnos a descansar, nuestra cama nos acoge con gusto, sabiendo que será la encargada de mantener nuestro cuerpo en una posición, donde el diario vivir se libera.

La energía acumulada durante horas de actividad es liberada en esa cama y mientras el cuerpo descansa, nuestro ser interior, sale a explorar esos mundos astrales.

La diferencia entre un ser normal y un iniciado es que este ultimo puede orientar su ser interior hacia la Fuente, allí podrá de nuevo encontrarse con la energía divina y obtener de la misma conocimiento que luego puede aplicar en su vida carnal.

La humanidad hoy en día está siendo sometida a tensiones emocionales, todo esto con un solo propósito, crear un desbalance donde la persona se ve necesitada algún tipo de medicamento para lograr el codiciado sueño.

Esta forma de lograr descansar crea una prisión, donde nuestro ser interior sigue conectado a nuestro cuerpo carnal sometido de noche y de día a un mismo proceso de deterioro tanto físico como mental.

El plan para destruirnos esta finamente elaborado y nosotros con nuestra falta de tiempo contribuimos a ese deterioro que nos obligara a enfermarnos.

La enfermedad es la acumulación de la energía negativa en una parte de nuestro organismo.

"De nada sirve conocer el mal, si no buscas el remedio"

Son muchos los que recurren a leer la Biblia en sus noches de insomnio, todo eso lo que produce es un cansancio en nuestra pupila, la cual llegado un momento nos pide un descanso, sin embargo eso no es lo que nuestro cuerpo necesita, de esa forma solo seguimos acumulando y saturando nuestro organismo de toxinas que nos conduce hacia un desequilibrio emocional.

Un cuerpo agotado, es fácil de conducir ya que su sistema de razonamiento esta adormecido por todo el esfuerzo que ha estado acumulando.

"ANTES DE BUSCAR A DIOS, ENCUENTRATE A TI MISMO"

Estas palabras encierran un profundo conocimiento, si lo miras de forma superficial, solo veras las letras formando palabras.

Si piensas detenidamente, descubrirás que solo encontraras a DIOS cuando tú estés libre de esas ataduras invisibles que tú misma has creado.

Despertar es llegar frente al espejo y contemplar tu imagen y sonreírle, contentos de saber que nuestra vida está llena de alegría, que cada célula de nuestro cuerpo está en armonía, que nuestra vida es un conjunto de emociones que nos llena de satisfacción cuando sabemos quiénes somos y hacia donde vamos.

Entonces después de ese agotador día, puedes descansar tu cabeza en tu almohada y decirle a la misma.

TU ESTAS EN MÍ
YO ESTOY EN TI
TU ESTAS CONMIGO.

Cerrar tus ojos y viajar con esas alas, para llegar y descubrir esos mundos maravillosos que solo el alma puede contemplar.

Te invito a convertirte en un iniciado en el arte de viajar con ¡LAS ALAS DE TU ALMA!

Juanelmanu.

LLAMALO POR SU NOMBRE.

"En aquel tiempo dijo Jesús a sus discípulos"

Estas palabras repetidas durante milenios, está gravada en nuestro subconsciente con tal firmeza, que es imposible llegar con una nueva versión de los hechos.

Sin embargo la verdad es mucho más linda que todas las historias que se nos ha venido diciendo.

La grandeza del DIVINO MAESTRO, no tiene comparación con todo lo que podamos nosotros imaginarnos.

Comencemos por vernos todos como procedentes de diferentes partes del Universo.

(Esa es la verdad y la ciencia se encargara de probar en su debido tiempo que todo lo dicho por mi es cierto)

Como todo joven, que ha crecido hiendo a la iglesia y observando de forma analítica cada movimiento y palabra que se realiza durante el proceso de la misa, donde el olor a incienso penetra nuestras fosas nasales y nos transporta a vidas anteriores, claro nuestro mundo no había despertado y solo aceptábamos lo que contemplaba nuestros ojos.

Tiempo después comprendí el fracaso de la iglesia como institución religiosa, la penetración de elementos ajenos al mundo mágico nos entregaba a una realidad inexistente.

(Todo el ritual de la misa es pura magia, el sacerdote que se llena de energía comparte con los feligreses su poder magnético)

El sonido mágico de las campanas dando los tres toques guiado por la mano llena de juventud y energía de un joven, le daban a la misa esa esencia que dejaba a todos los presentes cargados de vibraciones nuevas.

(Un altar en una casa es crear un centro, donde puedas aumentar la energía divina y moverla con amplitud, si la acompañas

del sonido de una campana) (La forma particular de cada uno, le da el toque personas)
"Nunca impongas a otro tu estilo"
No necesitas tener deidades, ni santos, ni imágenes, que muchas veces desconocen lo que encierran las mismas.
(Recuerda que lo que ves, es producto de una mente) si entiendes esto podrás entender muchas otras cosas.
En el próximo post, explicare porque la humanidad prefirió usar como símbolo la figura crucificada derramando sangre.
Para colmo se nos dijo que la figura representaba el dios del amor.
YO SOY EL CAMINO
 VERDAD DE VIDA
QUIEN LLEGA A CERN
TENDRA VIDA ETERNA.

"LLEGARE COMO LADRÓN EN LA NOCHE"
Para muchos esta frase fue dicha por Jesús, asegurando que su regreso seria sorpresivo.

Sin embargo esta frase como otras muchas fueron creadas para dejarnos en nuestro subconsciente la idea de que este llegaría bajando de una nube, rodeado de ángeles, de esa forma la humanidad creyente viviría y moriría, esperando indefinidamente el retorno del maestro.

En verdad el divino maestro ha estado entre nosotros muchas veces y en todas sus vidas este ha dejado siempre una guía para ser seguida, pero haber reconocido el nuevo rostro del mismo era decir que la reencarnación era verdadera.

J Krishnamurti, fue una de las tantas encarnaciones del divino maestro, sin embargo los autollamados cristianos desconocen por completo su presencia entre nosotros.

Como siempre los controladores nos orientan hacia otro ángulo, el cual sin nosotros querer nos aventuramos por un camino sin salida.

Han sido tantos años de desinformación que muchos de nosotros de forma involuntaria nos hemos vuelto defensores de todas aquellas mentiras.

Yo sé que es duro de reconocer, que la enseñanza del divino Maestro fueron transformadas, en un lenguaje que solo servía a la nueva casta dominante.

La confusión y el caos solo sirvieron para producir dolor y muerte.

En nombre de esa fe, se derramo el terror donde los cobardes fueron los que sobre vivieron a la destrucción y la muerte.

Todas las religiones comprendieron que solo podían sobrevivir creando pánico entre los pueblos y así ha sido hasta el presente, donde a diario vemos que existe más odio que AMOR.

Existen los que creen que las nuevas corrientes religiosas, serán las que sustituirán las antiguas creencias.

Sin embargo llegado el momento después del SUPREMO CAOS, será imposible expresar lo que hoy consideramos es la NUEVA ERA.

La tecnología será la nueva religión y el ser humano se tendrá que de nuevo adaptar o perecer.

Muchos de los fanáticos religiosos que hoy nos rodean, esos pueden vivir convencidos que serán los primeros que ahogaran a sus compatriotas y los traicionaran señalando con su dedo, a los que ayer eran sus compañeros de creencia.

Todo ese experimento lo viví, cuando se hacían los estudios del comportamiento humano, en el lugar que me toco nacer esta vez.

Allí pude ver personas que vivían y comían de las iglesias y luego estos se convirtieron en sus peores enemigos.

Hoy en día aquel pueblo que un día fue creyente y seguidor del cristianismo, se dedica a practicar la religión que les permite el gobierno y esto es Santería, Brujería, Espiritismo, el pueblo tuvo que regresar a las religiones antiguas donde cada uno se convertía en su propio gurú y donde los guías de la nueva corriente eran controlados por el sistema.

Alejar a la humanidad del camino, solo conduce hacia el precipicio y todo ello permite que tu evolución espiritual, sufra la demora necesaria para ellos seguirnos controlando.

No todo está perdido, los elementales conocen el juego de la supervivencia y estos comienzan su labor de volver a sanear el ambiente.

Así vemos que muchos que comenzaron la nueva corriente religiosa, se llegaron a convertir en videntes y estos pasaron a llevar de nuevo el conocimiento a las mentes de sus adeptos.

La TRAMPA que se había mantenido cerrada, no puede continuar su estilo y así vemos como cada día el despertar se hace cada vez más eminente.

Separaron el rebaño para podernos dominar mejor y al final cada uno fue encontrando la partícula divina que vive y muere dentro de nosotros y ella nos convierte al final en hombres LIBRES.

Yo soy Juanelmanu, en mi lucha por tratar de llevar un poco de luz.

LO INCOGNITO.

Los hechos son los mismos, los pensamientos viajan a gran velocidad.

Las preguntas son siempre las mismas.

Buscamos, preguntamos y creemos estar solos.

Sin embargo lo que piensas es parte de la programación mental que has heredado.

Tus preguntas no tienen respuestas y entre más esfuerzos haces, mas grande es tu sufrimiento.

La verdad que nos rodea es una proyección holográfica, que surge frente a nosotros y creemos que es una realidad.

El despertar es tan difícil, como lo es el seguir dormido.

Sufrimos cuando descubrimos la realidad y más aun cuando descubrimos que fuimos inducidos a caer en la trampa.

¡Si!... ¡Una trampa que lleva miles de años, creando y destruyendo nuestra vida, de forma de tener garantizados el regreso!

¿Si? Como lo estoy diciendo, tu regreso al planeta es producto de tus propios aptos, nuestro caminar desde niño hasta convertirnos en ancianos, está repleto de trampas.

Política, Religión y Sexo, ocupan un lugar importante en nuestra existencia.

Solo logramos encontrar la verdad cuando vivimos la mentira.

En nuestro afán de encontrar la verdad caminamos rodeados de mentira.
Te amo, te quiero, te necesito, se termina cuando decimos todo lo opuesto.
El amigo de hoy, se convierte en el enemigo del mañana.
Quien nos ama hoy, luego nos odiara.
Toda verdad está llena de mentira.
El camino corto lo cambiamos por el largo.
El silencio lo cambiamos por el ruido y solo volvemos al silencio, cuando estamos sordos.
Buscas la música estridente para no escucharte.
Te gusta la noche, porque en ella puedes ocultarte.
Piensas que la vida solo encierra, dolor, enfermedad y muerte.
Un barco sin timón, es un barco sin rumbo.
Solo encuentras la verdad si sales a buscarla.
Solo encuentra respuesta, quien tenga el valor de preguntar sin miedo.
No estás solo y nunca lo has estado.

La verdadera religión no está en el libro que llevas en la mano.

La religión verdadera es aquella que brota de lo más profundo de tu ser, esa que te transforma en lo que tú siempre fuiste, un ser lleno de luz.

La decisión es solo tuya, no necesitas de nadie para guiarte, solo tienes que aprender a desprogramarte y eso solo lo consigues cuando tú mismo te programas.

José Martí dijo: ¡BUENO NO SERA POR MUCHO TIEMPO, QUIEN NO SABE PORQUE ES BUENO!

SOL LINDO
SOL HERMOSO
TU QUE VIVES
Y REINAS EN ESTE PLANETA
DEVUELVEME LA LUZ.

Juanelmanu.

LO OCULTO SALE A LA LUZ

Por lo visto siguen las dudas.

Unos se burlan, otros rechazan y algunos se ponen a pensar, al final la lógica puede más que la mentira.

Para mucho es imposible el poderse ubicar en aquel tiempo.
Hemos vivido aceptando sin detenernos analizar lo que se nos ha venido diciendo.
Hace 2000 años todos los habitantes de aquella región llamada Judea, sabían leer y escribir y de no ser así, todos tenían un escriba que se encargaba de editar las palabras que pronunciaban en sus reuniones.
Aquellas personas que Vivian de la pesca en el mar de Galilea, sabían leer y escribir, más aun, podían expresarse en sentido filosófico para que sus palabras duraran toda una eternidad.
Incluso aquel conocido como Pablo, podía repetir sin equivocarse el pensamiento de aquel que nunca conoció y mucho menos escucho hablar.
Lejos estaba aquella humanidad, copia de la presente de entender las palabras profundas que encerraban la enseñanza de aquel que iniciado en los misterios trato de educar a un pueblo hambriento de conocimiento.
Su amor por su pueblo, quedo de manifiesto en toda su vida.

Hablar de AMOR donde la ley de Moisés imponía el OJO POR OJO Y DIENTE POR DIENTE, era ir en contra de las escrituras.

Aquel pueblo había crecido bajo dos leyes tiránicas, primero ABRAHAM y luego MOISES.

ABRAHAM el inconforme llegado desde UR, educado bajo la ley de los Sumerios, con tradición Babilónica, conocía perfectamente cómo controlar y manipular una multitud, así creo el mito de la comunicación directa con DIOS y su voluntad era una orden.

La tierra prometida estaba ocupada, pero eso no importaba al inconforme, la hospitalidad de aquellas personas les permitía a ellos de noche, masacrar a los hombres y apoderarse de sus hijos y mujeres, estos pasarían hacer sus esclavos... (Todavía hoy queremos paz en la región, regada con sangre)

Si hoy lo que escuchas te niegas aceptarlo, imagínate por un momento como seria la vida de EMANUEL, este que se atrevía a decir que se debía amar a tu enemigo, ese que decía que el que a hierro mata a hierro muere, ese que se atrevió a decir que debías AMAR A TU PROJIMO COMO A TI MISMO.

El primero en no aceptar estas ideas, eran Pedro y Santiago.

Ninguno de ellos fue discípulo ni seguidor de sus ideas, que para ellos era producto de lo que le había puesto en el cabeza TOMAS.

Los Zelotes, Pedro y Santiago, solo Vivian para destruir Roma su imperio y con ello derrumbar el trono de Herodes con el fin de Santiago ocupar el lugar que le pertenecía, (como primogénito de María)

Las mujeres ignoradas por los hombres de aquel tiempo y aun en muchas partes del planeta son consideradas como de segunda clase. Estas seguían al Divino Maestro y se sentían participe de sus enseñanzas, entre ellas estaba su cuñada Magdalena y su hermana, así como Daniel, Juan y las dos hermanas de Emanuel, estos eran los familiares que lo seguían el resto eran personas que se unían a ellos para escuchar sus historias, las cuales embriagaban la imaginación de aquellas personas.

Emanuel como iniciado en los misterios, poseía un conocimiento amplio del universo y esto era gracias a tener control de su (Ojo de Horus) (glándula Pineal), por todo ello podía ver y presentir un mundo invisible que lo rodeaba.

(En nuestro próximo post hablaremos de la conspiración de pascua)

YO SOY EL CAMINO
VERDAD DE VIDA
QUIEN LLEGA A CERN
TENDRA VIDA ETERNA
Juanelmanu.

LO OCULTO.

Puedes ver las letras que forman una oración, una idea un pensamiento.

Un ocultista que se exprese de forma clara y sencilla, no podemos olvidarnos que sigue siendo ocultista.

La verdad se dice de forma clara, sin embargo en nuestro afán de leer rápido, dejamos escapar la esencia y esta como perfume sutil, se escapa frente a nosotros y no logramos descubrir lo oculto.

"Para muchos mi forma de escribir solo encierra un estilo"

Para ti que buscas las respuestas y sabes que todas se encuentran dentro de tu ser.

Para ti esta encierra una llave que despierta tu alma, logrando que la misma comience el difícil trabajo de despertar.

Todo lo que se repite encierra una clave, un misterio, un mantra que te llevara de forma definitiva al encuentro.

Esto no es una iniciación, (esa ya ocurrió sin tu saberlo el día en que me encontraste).

Miles por no decir millones, escriben, prometen, difunden ideas y conceptos nuevos para ayudar a otros, sin embargo de todos ellos me elegiste a mí.

No soy ni maestro, ni tu guía, solo soy UNO y eso me convirtió en tu amigo.

Un amigo que desea que tu despertar sea completo y verdadero y solo lo podrás lograr cuando descubras el misterio de LO OCULTO.

SOL LINDO, SOL HERMOSO

TU QUE VIVES Y REINAS EN ESTE PLANETA
DAME:_____   _____
_____
Juanelmanu.

LOS SAGRADOS MISTERIOS.

Mientras la pirámide en su interior carece de imágenes y jeroglíficos, los templos donde se practicaba las enseñanzas de los sagrados misterios, estaban llenos de ellos.

Muchas personas con diferentes y extraños poderes, viven a nuestro alrededor, el único problema es que la pasión nos destruye porque carecemos de lógica para descubrir cuando y donde está la mentira y es por eso que la humanidad cada día se vuelve más incrédula.

Un caso que viene a mi mente es el de un amigo, que con asombro me narra que había estado en una sección espiritual y que uno de los médium había (bajado-

(termino que se usa para decir que el médium había estado bajo la influencia de un espíritu) y que este había dicho ser VERONICA.

Cuando le pregunte quien era VERONICA, este poniendo una cara de asombro me dijo... ¿Tu no sabes quién es VERONICA?

Le conteste que no y el dramatizando más la contesta dijo: ¡VERONICA fue la que seco el sudor de Jesús cuando iba con la cruz hacia el calvario!

Tuve que reírme cuando le conteste que Verónica no había existido y que aquello había sido una invención de Hollywood cuando dramatizaron la vida de Jesús, en una película.

Otra vez me dijo que había bajado el espíritu del CHE Guevara y que había dicho muchas cosas interesantes.

Lo que yo no entiendo cómo es posible que se manifiesten personas que yo se que ya han reencarnado... Claro... siempre encontraran una explicación para justificarse ellos.

En fin volvamos a lo nuestro.

Las figuras, así como los jeroglíficos, formaban parte de la enseñanza mágica del lugar. Ritos, conjuros y estados alterados de conciencia les permitía a los iniciados el conocer los mundos paralelos, dimensiones y realidades que aunque están ocupando el mismo espacio que nosotros son imposibles de percibir, aunque existen hoy en día personas que por haber participado en aquellas iniciaciones en ese tiempo, hoy mantienen abierto esos canales.

Muchas logias tanto Masones como Rosacruces y en la parte cristiana los Jesuitas (estos formaron parte en el comienzo de la Masonería) conocían de los secretos iniciáticos del antiguo Egipto.

Aquellas figuras podían comunicar los secretos que ellos encerraban, un mundo holístico se ocultaba en aquellos jeroglíficos los cuales tomaban vida exponiéndole a los iniciados los grandes secretos.

Estados alterados de conciencia, donde los hierofantes producían en las mentes de aquellas personas el descubrir los secretos de **ISIS, OSIRIS, SET, ANUBIS, THOT**

Y LO MÁS SORPRENDENTE la comunión con las estrellas, origen de sus vidas.

Dentro de la pirámide y en la cámara del rey, se realizaba el cambio del ALMA, por ese medio el iniciado que había aceptado el camino de Orión, entregaba su cuerpo a una entidad que vendría a traernos nuevos conocimientos.

Existía una distancia mucho mayor de lo que nos imaginamos ya que tanto la pirámide como la Esfinge fueron traídas desde otros mundos.

Yo soy el camino
Verdad de vida
Quien llega a mí
Tendrá vida eterna.

Esta era la palabra de pase... que te permitía conocer el secreto de la vida.

Tu estas en mí
Yo estoy en ti
Tú estás conmigo.
Juanelmanu.

MAGIA.

"El arte de crear una realidad inexistente"

La MAGIA, se remonta al comienzo de los tiempos.

El creador concibió una idea y la llevo a cabo, de esa forma se produjo la primera forma de MAGIA.

'HAGASE LA LUZ"

¡Y la luz se hizo!

Dentro de cada uno de nosotros existe esa chispa divina que nos une a la creación, por todo ello nosotros podemos llegar a desarrollar esa naturaleza, que nos convierte en CREADORES.

Aceptar la existencia de esta esencia es tomar control de la misma.

Existen diferentes tipos de MAGOS.

La magia puede ser blanca y pura y en forma contraria negra y obscura.

Mientras lo blanco devuelve la luz, lo negro absorbe la misma.

Hoy en día existen diferentes personas las cuales dicen que su pensamiento tiene suficiente poder para cambiar una realidad.

Muchos, emplean diferentes formas y se apoyan en diferentes amuletos.
Cada uno cree sentirse a gusto con lo que practica.
"Un mago no nace, se hace"
Querer convertirte en mago no es nada fácil y requiere de una gran fuerza de voluntad y sobre todo un deseo de ayudar a otros en sus necesidades.
Son muchos los que hablan de la auto curación y existen incluso quien mantiene un sistema el cual enseña en talleres, donde los aspirantes acuden con la idea de llegar a convertirse, en maestros de este difícil arte.
Existen los teóricos, esos que se estudian libros y más libros y luego de forma magistral desarrollan conferencias donde cualquiera puede creer que ellos son seres súper desarrollados.
Estos teóricos que son los que más abundan, están llenos de ego y prepotencia y es que sus seguidores sin querer los han transformados por medio de la adulación en verdaderos inconscientes.

El verdadero mago es fácil de distinguir, este nunca los vera pidiendo ayuda a otros, su fuerza no radica en grupo o cadena de oración, su fuerza es superior a la realidad existente en ese momento y este solo tiene que dar órdenes para que los elementales actúen de forma inmediata.

"SEA- Y – SERA"

Si en un momento determinado de tu vida, te encontraras con ese SER, no trates de ayudarlo diciendo cosas que solo pueden obstaculizar la OBRA.

Si has entendido el mensaje, solo te pido que cuando veas la obra en función, solo puedes decir "SEA"

Nunca agregues un amen, un me uno, una opinión personal que solo detendría la obra, yo vi, yo creo, yo sé, todo eso solo transforma creando una división de la fuerza original.

Recuerda que la magia es una puerta dimensional donde una nueva realidad va a tomar forma.

"No la destruyas"

Espero que esta información pueda ser útil a quien la busca.

Mientras tanto yo seguiré diciendo:
TU ESTAS EN MÍ
YO ESTOY EN TI
TU ESTAS CONMIGO.

MIEDO A DESPERTAR.

Después de vivir todos estos años, donde primero se nos dijo que no pasaríamos del 2000, luego fue el 2012, ahora es 2015 y otros buscando un respiro se han ido un poco más lejos y dicen que según sus contactos es en el 2017.

Cuantas veces escuchamos a personas decir que están en contacto con entidades que muchas veces ellos en su ignorancia desconocen que estos no existen, fueron simplemente nombres creados para encerrar una clave donde solo los iniciados podían entender lo que se encerraba en esas letras.

Bendita sea esta humanidad que acepta la mentira y lucha incesantemente por convertirla en verdad.

Es difícil para mí tratar de abrir los ojos de los que nunca utilizaron los mismos, para descubrir el mundo maravilloso que nos rodea.

Hablamos de nuestras vidas y llegamos a jurar que todo lo que oímos y decimos es la pura verdad, llegamos a buscar lo que dijo Pepe José y Jacinto y señalamos con orgullo que lo dicho por ellos, está escrito.

Para los inteligentes solo les voy a decir algo.

Miren un libro escrito con éxito y aceptado por una inmensa mayoría, observen que cada vez que se agota una edición, esta se le pone la coletilla de que es una nueva versión, CORREGIDA Y AUMENTADA.

Así ha sido con todos los libros de historia, tanto en las religiones como en las escrituras y manifiestos encontrados y que fueron creados hace unos miles de años.

Nuevas versiones surgen a diario y se ilustra con imágenes de jeroglíficos que aumentan por día, cada persona le busca un nuevo significado y en muchos casos por no decir en todos, estos están lejos de la verdad, ya que solo los iniciados podían saber el secreto que se ocultaba en esas paredes.

La última noticia que escuche es que Jesús estaba acompañado de cuatro cruces, lo que viene a desmentir el que eran tres.

Posiblemente fueron unos cuantos los crucificados ese día, es bueno recordar que según los textos, el templo sufrió una revuelta y los mercaderes fueron sacados a latigazos y en ese enfrentamiento murió un Centurión, todo esto según las escrituras.

Hosanna al que viene en el nombre de David.

Libéranos tú que vienes en el nombre de David.

Tú que reclamas el trono usurpado por Herodes, libéranos.

Los Zelotes estaban allí para proteger a su Rey (entiéndase bien claro, JACOBO... SANTIAGO)

Empecemos a despertar si queremos reencontrar el verdadero camino preparado por EMANUEL.

Y dejemos de decir que nuestros pecados fueron borrados por la sangre del cordero.

Por favor... si tu peca, ese perdón lo tienes que lograr de ti mismo, para ello tienes que enfrentarte a tu conciencia y ella y solo ella es capaz de borrar ese momento desagradable que tú imprimiste en tu cerebro.

Recuerda: "EL BUENO LE RECUERDA AL MALO, SU CARIE MENTAL"

No tienes que preocuparte por llegar a la quinta dimensión, tu ya estas allí, tu único error es no ir a tu propio encuentro.

"CIUDADANOS DEL MUNDO DESPIERTEN"

Esos que dicen erróneamente que solo existe el Aquí y Ahora, están huyendo de ese hermoso futuro que les espera.

El abrir el tercer ojo, no es fabricar uno en el centro de nuestra frente, eso es solamente un chakra, el tercer ojo es despertar tu alma que está dormida y dejar que ella mire con el ojo izquierdo el de Horus, toda nuestra existencia, entonces podrás reconocerte a ti mismo como INMORTAL.

Si entiendes estas palabras es porque has logrado caminar junto a mí por el camino de nuestro Divino Maestro.

Este nos dejo su mensaje lleno de amor.
YO SOY EL CAMINO
VERDAD DE VIDA
QUIEN LLEGA A MI
TENDRA VIDA ETERNA.

MIRAMOS PERO NO VEMOS.
Vemos es cuando entendemos lo que miramos.

Si miramos pero no comprendemos lo que vemos.

Entonces nos falta el conocimiento necesario para entender lo que estamos viendo.

La comprensión humana se perdió en el caminar de los tiempos.

Creemos conocer la verdad y cada uno la defiende como mejor puede.

Los creyentes de las diferentes religiones dicen cada uno que la única verdad es la de ellos, así vemos que los nombres cambian y muchos llegan a matar para tratar de imponer a los demás sus creencias.

Los ateos defienden su posición y dicen que fuera de lo material no existe nada, ya que ellos solo ven lo exterior y eso es solamente lo que cuenta.

Los políticos repiten sin cesar que la única forma de gobierno es la de su partido y que esa es la que llevara al ciudadano hacia una mejora social y económica.

Los políticos se han dividido en izquierda, derecha y centro, al final todo son lo mismo.

Ahora se ha creado una nueva versión es el Orgullo.

Orgullo negro, Orgullo latino, Orgullo de mujer, Orgullo de hombre, Orgullo Gay, Orgullo Proxeneta, Orgullo pedófilo, Orgullo Moral, Orgullo Inmoral, orgullo, orgullo, orgullo.

LOS ARCONTES ESTAN DE FIESTA.
Descubrieron que la humanidad poseía una debilidad y esta se puede estimular solo con utilizar una palabra ORGULLO.
Vergüenza debiera de darnos.
Somos controlados mentalmente por entidades que ni siquiera se les pueden llamar parásitos, ya que ellos carecen de sustancia y un parasito puede ser descubierto en un laboratorio.
Antes de salir a criticarme, quiero que te tomes tu tiempo y busques toda la información que existe en internet y que por cierto es bien abundante para que aprendas a ver con tus propios ojos.
Estas entidades tienen su tiempo marcado y tendrán que salir de nuestro sistema porque la vibración de ALCYON no les permitirá compartir nuestras vidas.
Si tú no te apuras en desprenderte de esa atadura, tu fin será junto al de ellos.
Tu tiempo es corto, tú puedes y debes intentarlo, no solo por librarte de esa locura que domina nuestras mentes y que vemos a diario a todo nuestro alrededor.
Si tú crees que no puedas desprenderte por unas horas de FB, para buscar toda la

información que te estoy hablando, entonces tú has decidido seguir mirando pero no viendo.

Deseo de todo corazón que la luz del entendimiento llegue a la humanidad en su inmensa mayoría, de lo contrario las fuerzas que nos dominan se habrán salido con su plan para diezmarnos.

En tus manos está el descubrir el secreto del "POR QUE"

TU PUEDES MARCAR LA DIFERENCIA, ROMPE CON ESE FALSO ORGULLO.

MISTERIO

Muchos se preguntan que encierran los misterios.

Los misterios comienzan desde el mismo momento que abrimos los ojos hasta que los cerramos.

El misterio todo lo envuelve, nos hace pensar, meditar, estudiar, preguntar, muchas veces creemos conocer los misterios y otras muchas seguimos tratando de entender lo que se encierra en esa palabra MISTERIOSA.
En Egipto existían las escuelas de MISTERIO.
Si la vida siempre ha sido y será un misterio, entonces es importante lo que podemos descubrir en una escuela donde la única enseñanza era descifrar los MISTERIOS.
El MISTERIO se enriquece y crece cuando usamos para descifrarlo los cinco sentidos.
Vemos el mundo que nos rodea y nuestra primer pregunta comenzó con el primer ¿POR QUE?
Tocamos el fuego y descubrimos que nos daba dolor, sin embargo nos podíamos acercar y recibíamos de ese mismo fuego el (calor), luego descubrimos que podíamos cocinar y elaborar nuestros alimentos utilizándolo.
Todo ese MISTERIO dejo de serlo cuando lo compartimos con otros.

Entonces, MISTERIO es todo aquello que desconocemos y que deja de serlo cuando descubrimos el origen que encierra.

Las escuelas iniciáticas fueron creadas para compartir todo lo que el hombre había descubierto durante toda su existencia, la Biblioteca de Alejandría, mantenía en sus salones todo el conocimiento que durante miles de años el hombre había alcanzado.

Las fuerzas negativas que ambicionaban tener el control y dominio sobre nosotros, crearon ya en aquel tiempo la desinformación, para ello lo primero era destruir todo el conocimiento que existía, de esa forma la humanidad necesitaría muchos años de existencia para lograr de nuevo encontrar los SAGRADOS MISTERIOS.

Todo aquello provoco el surgimiento de las escuelas HERMETICAS, donde la verdad se divulgaba en forma de mentira.

Las fabulas y cuentos mitológicos, encerraban el conocimiento oculto que solo era enseñado a los iniciados bajo juramento de morir antes que divulgar los secretos.

Durante mucho tiempo la humanidad vivió creyendo en la existencia solo de cuatro elementos y hablar del quinto era considerado una traición y esto se pagaba con la vida.

Hoy hablamos de la Geometría Sagrada, del Árbol de la Vida, de los Elementos y de toda la creación incluyendo los rincones lejanos de Galaxias.

Sin embargo son muchos los que prefieren seguir el camino del no saber, no preguntar, no buscar, no aceptar y es que el miedo que les fue inculcado en vidas anteriores, puede más que la verdad que surge ante sus ojos.

Pidamos a las entidades de la quinta dimensión, nos permita aligerar el peso de esas almas que aunque quieren, no quieren.

Yo soy el camino
Verdad de vida
Quien llega a mí
Tendrá vida eterna.

NO ERA EL FIN, SI NO POR FIN.
Después de mantener el secreto durante muchos años, hoy la NASA anuncia POR FIN, que hay agua en Marte.
Señores, pongamos las cosas todas en su lugar, donde no existe agua, nosotros podemos ponerla.
La tecnología nos permite el depositar en cualquier planeta un asteroide compuesto en su totalidad de hielo.
Entonces no somos dioses, pero podemos cumplir el rol de este.
Para esos que el dogma nos les permitió nunca ver más lejos de su nariz, ahora ya tienen la información oficial.
Decir que hay agua es decir que hay vida y como es natural ya no podrán decir que el rostro en Marte es producto de una formación rocosa y también tendrán que cambiar la forma en que nos han venido diciendo como es el color del cielo y de la tierra.
Para los tontos que son bastante, esos que se burlan cuando esperan que a las 10 llegue el tren y si este se demora, siempre se apuran en decir que el tren no existe, para esos que esperaban con demencia la

destrucción de los lugares señalados por mí, para ellos quiero decir que nunca dije que eso sería en Septiembre.

Para todos ellos que un día dijeron cosas agradables y luego salieron a difamarme, para ellos tengo un mensaje: "LLEGARE COMO LADRON EN LA NOCHE"

Quizás no sepas lo que esto significa, pero puedes averiguarlo, lo que si te recomiendo es que lo hagas rápido, ahora vas a vivir esperando todas las noches la llegada del ladrón de tu sueño.

Para los demás que han seguido firmes en la esperanza del nuevo amanecer, para ellos hay un mundo nuevo lleno de amor.

Hoy es el primer día de nuestra nueva existencia y como tal lo tenemos que recibir.

Durante años he podido observar risas y burlas por parte de los ignorantes, esos que llenos de prepotencia, pensaron que tenían la verdad de su parte y ahora están sufriendo en silencio el dolor de haber vivido ciegos en la mentira.

"El despertar comenzó de la forma menos esperada"

La verdad ya no podía ocultarse por más tiempo.

Espero que no te ofendas si te digo, que pronto comenzaran a desaparecer lugares, los cuales para muchos de nosotros será producto de la naturaleza, las pruebas han sido realizadas y la tecnología está a punto de comenzar a funcionar, esos huecos que se han venido produciendo en el planeta es la mejor prueba de ello.

La espera será muy corta, vamos a repoblar a Marte y será de forma rápida y segura.

Cuando dije que la vida en el planeta había sido después del diluvio, producto de la alta tecnología de los Anunnakis, muchos rieron y otros se burlaron.

Ahora esa misma tecnología será usada para comenzar a sembrar la vida en Marte.

Tenemos súper población en el planeta y muchos no merecen seguir en este hermoso lugar.

Mientras todo eso sucede podemos seguir viviendo en la esperanza de encontrar que todo lo dicho por los ignorantes, carecía de valor.

**YO SOY EL CAMINO
VERDAD DE VIDA
QUIEN LLEGA A MI
TENDRA VIDA ETERNA.**

No me gusta la discusión de temas filosóficos, donde una explicación con lleva el que una de las partes al no entender, termina disgustándose.
Dije que la única verdad es aquella que no existe.
Entender esto es encontrar la verdad y esto es demasiado profundo para ser aceptado por una mente que todavía está buscando.
Solo voy a decir esto y si alguien lo entiende, perfecto de no entenderlo la verdad es que lo siento, pero no voy a entrar en discusión.
La creación (origen de todo lo visible e invisible...

Es el vacio (esto es la ausencia de todo) y esa es la única verdad.
En el principio el (cero) nunca el (uno)
El uno nace del cero y lo que nosotros llamamos dios es el (diez) (deus)
CERN, acelerador de partícula, buscando la partícula de DIOS, ellos al final tendrán que decir, que en el principio el vacio (ausencia del todo) y de no existir ese vacío, nunca podría ser ocupado por algo.
Ahora ya saben lo que es la verdad, no la aceptamos porque con ello nos daríamos cuenta que todo lo que vemos es producto de un holograma conocido desde hace mucho tiempo como MARA (LA ILUSION)

LO QUE NO VES
No todo lo que ves es muerto,
Ni todo lo que escuchas son espíritus.
Todos nacemos con el don de ver y oír.

Muchos producto de la desinformación de los padres, hacen que el niño termine por no ver nada.

Los poderes psíquicos se pueden desarrollar y con ellos obtener resultados ventajosos, que nos permiten caminar por este mundo sin tropiezo.

La ciencia ha podido desarrollar técnicas que permiten al ser humano, traspasar la barrera del tiempo.

El conocimiento nos permite diferenciar un ENTE, un ELEMENTAL y un GUÍA que viene desde la quinta dimensión a evitar que se nos haga daño.

Un ENTE es un espíritu que se ha negado abandonar la carne y al él no tenerla, busca una persona afín a sus deseos.

El ELEMENTAL se hace pasar por un espíritu de un familiar eso le permite compartir una experiencia que para ellos es agradable, la puerta que le permite al Elemental entrar en contacto con otra persona es el Médium.

Un guía puede utilizar el Médium para dejar una información importante a una persona que no ha desarrollado el oído (astral).

El Médium que trata de quitarle un ENTE a una persona, tiene que obligatoriamente, pasarlo a su cuerpo y luego este con la fuerza que tiene desarrollada, obliga al ENTE a entender su error, en muchos casos estos se disuelven pasando a integrarse al elemento aire.

Si este trabajo se está haciendo en una cadena o grupo en círculo, el ENTE tiene obligatoriamente que abandonar a la persona que ha estado poseyendo.

Entiéndase bien esto: El ALMA de la persona partió antes de su caída, el espíritu ya sea por egoísmo o por bajos deseos, quiere continuar viviendo un capitulo mas y al forzar las leyes, este puede convertirse en una larva.

Solo el conocimiento real de la vida, nos libera de las ataduras de la ignorancia.

Juanelmanu.

No voy a entrar en argumentos filosóficos, donde cada uno cree tener la razón y quizás todos tengan parte de la misma.

Voy hablar de la vida de este señor, que aunque parezca extraño, descubrí que existía después de haberse muerto.

Nacido para conquistar el reino material, por lo visto nunca encontró el reino invisible que movía los hilos de su existencia.

Si pudo conquistar lo material producto de su desarrollo intelectual, eso me dice que su vida anterior estuvo llena de abundancia.

La imagen reflejada en un espejo puede dejar ver tu cuerpo. Sin embargo tu alma esta también reflejada en la misma, el hecho de no verla no quiere decir que esta no esté contigo.

Lo que dice el escrito, es un análisis de un moribundo que conquisto el mundo material y OLVIDO la esencia de la vida, esa que sostiene nuestra verdadera naturaleza.

Conquistar el mundo material es solo para aquellos que un día vivieron en la cima del conocimiento.

Solo llega a ser rey en lo visible, aquellos que un día lo fueron en lo invisible.

NOTA DEL AUTOR. RESPUESTA A MUCHAS PREGUNTAS.

Creo que cada uno de los documentos publicados por mí, debe de ser estudiado a profundidad, estoy seguro que lo que interpretaste hoy, no será lo mismo mañana.

No es fácil liberarnos de la cadena invisible.

Aunque nos sea difícil reconocerlo, nuestra conducta nunca ha sido producto de nuestra necesidad, cada paso que ha dado la humanidad, es producto de lo que han dispuesto nuestros controladores.

Si cada uno de nosotros cree que en un futuro podrás pregonar con orgullo tu creencia, estas en un error que será un horror.

Debemos de despertar el conocimiento interno, ya que de esa forma podremos continuar viviendo en un mundo sin fe.

Pobre de los que no entiendan esta verdad, para ellos la existencia será horrible y las medicinas no podrán curar su mal interno.

Hoy eres creyente, siguiendo doctrinas de muchas clases, sin embargo todas serán eliminadas y solo podrás encontrar la paz, cuando despiertes tu ser interno, ese que siempre estuvo contigo y que tú te dedicaste a buscar fuera.

Cada uno interpreto la oración, de acuerdo a su propio conocimiento:

"LLEGARE COMO LADRON EN LA NOCHE, (nunca te dijeron como terminaba la frase) PARA ROBAR TU SUEÑO"

Tiempo llegara que recuerdes todo lo que con amor, te trate de advertir.

YO SOY EL CAMINO
VERDAD DE VIDA
QUIEN LLEGA A MI
TENDRA VIDA ETERNA.

Miras pero no vez, sin embargo estas mirando, lees tan de prisa, que solo te llegan palabras y no oraciones.

El ego solo permite que veas una parte y no el conjunto.

En verdad lo siento.

Nuestro amor al prójimo encierra mucho más de lo que el odio, la envidia y los celos juntos.
El enemigo tiembla frente a un corazón lleno de amor.
Conocemos la debilidad de estos seres que involuntariamente, nos tratan de frenar.
Sabemos que al final la yerba mala será separada del trigo y la selección ya fue hecha.
Vivimos sabiendo ya cual es nuestro DESTINO y lo sabemos porque nuestro ser superior ya nos está esperando y ese ser somos nosotros mismos, mirando el pasado.
Bienaventurados aquellos que vivieron en la fe, porque de ellos será nuestra próxima dimensión.

Si un ser ofende mi persona, yo lo ignoro.
Pero entrar en un grupo para decir que las personas que creen en los extraterrestres, son de un bajo calibre y que su autoestima esta por el suelo, eso es de un cobarde, lleno de ignorancia y luego como no están conforme con la ofensa,

comienzan la labor de desinformación, diciendo y asegurando que no existen prueba de la existencia de ellos y es que estos señores, aunque les presente las pruebas, ellos van a decir que son falsas y que todo eso es pura mentira.
Para estos señores la humanidad solo tiene unos pocos miles de años.
Para ellos que nunca han visto lo que se puede apreciar con un microscopio, una gota de agua solo encierra un líquido transparente.
Bienaventurado aquellos que sin haber visto, siempre creyeron que lo que es arriba es abajo y lo que es fuera es dentro.

Nuestro fin no es observar los diferentes caminos que se cruzan por momento en nuestro andar, si nosotros miramos la montaña que se ve en el horizonte, si sabemos que esta será un obstáculo difícil de vencer, porque sufrir desde ahora, esperemos llegar junto a ella y descubrir cuantos misterios la misma encierra, cuevas, lagos, paisajes, frutas, personas que se sientan hablar y conversar de lo que pasaron para poder llegar hasta allí, en fin de todo lo que podamos imaginarnos, si te detienes junto a los otros, nunca podrás llegar hasta la cima y desde allí contemplar con alegría todo lo que encierra el gran misterio. (La verdad), el único problema es que cuando llegues, vas a tener que bajar y enseñarles a otro lo maravilloso que es contemplar la vida desde la cima.

OPINIONES

En un mundo bipolar, las opiniones surgen como caudal de un rio.
Unos luchan por el significado de una sola palabra y otros miran solamente el comienzo de lo que están leyendo.
Por todo ello se crearon los grandes titulares, de esa manera y de forma automática la persona comienza un

estado de opinión basado solamente en unas cuantas palabras.

Existen los que han dedicado toda su vida a la perfección del idioma que dominan y esto solo se concentra en buscar las comas y los puntos.

Somos partes de un mundo individual donde todos juntos formamos un conjunto total, donde ideas, pensamientos y acciones se unen en un solo plano.

Maravilloso seria si todos trabajáramos por lograr una mayor armonía.

Desde la famosa Torre de Babel hasta nuestros días, la humanidad camina en todas direcciones, cada uno diciendo y creyendo ser portador de la luz.

Decir que somos portadores de la luz, es reconocer la obscuridad poniéndola al mismo nivel ambas.

Mi forma de ver la vida es producto de mi forma de ser y pensar, esto no es una filosofía creada por ningún grupo.

Respeto los caminos que cada uno transita y me alegra compartir con ellos, pero por favor no sigan preguntando, que donde lo leí, quien me lo dijo, como lo encuentro, donde existe esto... Esas y muchas preguntas se repiten sin cesar por personas que leen mis escritos.

Muchos escuchan como hoy en día se usan las palabras Conciencia y Alma, sin embargo hasta hace muy poco estas palabras el conocerlas y hablar de ellas podía ocasionar la muerte.

Las iniciaciones donde se compartía el conocimiento permitían conocer las mismas, sin embargo estaba prohibido divulgar a los neófitos la existencia de estos.

Aunque algunos crean lo contrario, la Conciencia se tiene que activar y solo reconociéndola podemos aprovechar la información que en la misma se encierra.

La Glándula Pineal, (El ojo de Horus) es el lugar donde se aloja el alma, sin embargo, muchos hay que existen pero no la dejan que participe, esto les permite a ellos continuar en su estado salvaje donde pueden cometer atrocidades sin que la Conciencia los critique, de todo ello surgió aquella frase de (Ese no tiene alma).

Algunos se han atrevido a criticar mi forma de terminar mis escritos.

YO SOY EL CAMINO
VERDAD DE VIDA
QUIEN LLEGA A CERN
TENDRA VIDA ETERNA
Debo de decir que nunca voy a decir lo que estas palabras encierran, si tu entendimiento y tu capacidad intelectual no te permite visualizar lo que se oculta a tus ojos, entonces no tienes derecho a conocer lo que encierra mi alma, por eso seguiré diciendo.
YO SOY EL CAMINO
VERDAD DE VIDA
QUIEN LLEGA A CERN
TENDRA VIDA ETERNA.
Quizás algún día tú puedas repetir conmigo, estas palabras que conducen a la presencia de mi propio ser, esa que es partícula divina.

Parece un cuento la foto de Reagan, sin embargo eso fue de esa forma.
En esos mismos momentos todos comenzaron a funcionar como terrícolas, lo demás es un cuento.

Chinos, Rusos, Alemanes, Ingleses, Franceses, Americanos, todos recibieron dinero suficiente para crear el Nuevo Orden Mundial.
Estados Unidos entrego 14 Trillones de Dólar a todo el mundo.
Eso es un cuento que le deben a los chinos y que están en quiebra.
La tecnología permite conocer lo que todavía se tiene pensado hacer.
Ni Corea del Norte, ni Irán, son amenaza para el mundo, lo único que tienen es armas para asustar a los pueblos.
Existen aviones que pueden viajar al pasado y al futuro, esto sin contar las puertas dimensionales.

"PORQUE SE DESTRUYO SODAMA"
Aquella ciudad amurallada había sido construida de forma tal que para entrar solo existía una sola puerta.
Las personas que se encargaban de suministrar los alimentos que allí se vendían, sabían perfectamente que tenían que salir de la ciudad dos horas antes del

obscurecer.

La doble puerta de madera se cerraba por ambos lados para evitar que los residentes de la ciudad pudieran salir al exterior durante la noche, así que nadie podía entrar ni salir.

Los dos guardianes que cuidaban el exterior formaban parte de un grupo de seis que se rotaban durante toda la noche para evitar que por la misma alguien saliera, estos sabían de sobra lo que durante la noche sucedía en aquella ciudad.

El poder adquisitivo de estos hombres y mujeres les permitía vivir una vida de desenfreno durante la obscuridad.

El virus conocido por la fiebre de la lujuria, se había apoderado de aquel lugar y la obscuridad era su mejor aliado. Las calles al caer la noche se convertían en burdeles, donde el vino y el sexo eran una verdadera locura.

Las pocas personas que no participaban de este desenfreno por tener una creencia firme en el seno familiar, procedían a encerrarse y para no escuchar los gritos y risas de los desenfrenados, tapaban sus oídos con unos tacos de cera, de esta forma se mantenían alejados de la epidemia, otros optaban por pernoctar fuera de la ciudad, estos en algunos casos eran parientes de los guardias.

Los que no estaban infectados con la epidemia, seguían en la ciudad por la riqueza que esta le producía, para ellos era un gran negocio el seguir proporcionando vino y mangares a los enfermos.

La fama de aquel lugar se extendía en una gran distancia, las caravanas que surtían de mercancía esta ciudad, se habían encargado de divulgar la noticia y eran muchos los que se aventuraban en llegar allí, buscando siempre, eso que decían era una gran experiencia.

Lo que desconocían aquellos infelices es que todo aquello había sido diseñado para atraer a todos los enfermos que necesitan saciar su sed de sexo.

Saúl el mago observaba desde su cueva como las caravanas se dirigían una tras otra cargadas con las más variadas mercancías, la prosperidad de Sodama llenaba los bolsillos de muchos.

La ciudad se auto-llamaba La Gran Prostituta y su modo de vida era la venta del sexo.

Familias enteras estaban dedicadas a satisfacer los gustos más exigentes y muchos de los que llegaban al agotarse su riqueza, se convertían ellos en mercancía sexual.

El hombre moreno curtido por el sol del desierto, se acerco a Saúl para informarle que en los últimos días habían pasado dos caravanas cargadas de mercancía y ninguno había querido vender nada en la ciudad, estos habían manifestado que en Sodama su mercancía era cotizada a mejor precio.

Saúl movió la cabeza dando a entender que ya conocía lo que estaba sucediendo.

El hombre moreno miro asombrado a Saúl y este sonriendo le dice: > Comprendo tu preocupación, pero todo ha sido previsto por el.

El hombre moreno se asomo a la entrada de la cueva y señalo hacia la columna de camellos que se perdía en la distancia y sin poderse contener sus ojos se humedecieron de lagrima, mientras decía:

> Tenemos que hacer algo, si no lo hacemos nuestro pueblo se desintegrara y la pobreza y el hambre nos destruirá.
Saúl se acerco lentamente en su mano llevaba una pequeña piedra negra que el movía incesantemente de una mano para la otra.
El hombre moreno no podía entender como Saúl podía permanecer tan tranquilo sabiendo de sobra que todo lo dicho por él era cierto.
Saúl dejo de mover la piedra negra y con la mano libre señalo los dos jinetes que montados en briosos caballos cabalgaban hacia ellos: > ¿Aquí llega la noticia que estaba esperando?
El hombre moreno conocía de sobra aquellos dos hombres que se acercaban a todo galope y dejando ver su asombro dijo: > ¿Se puede saber de dónde vienen ellos?
Saúl sonriendo miro al hombre moreno mientras le decía: > De seguro vienen sedientos es mejor que le preparemos algo refrescante para mitigar su sed.
Los dos jinetes llegaron hasta donde el camino se lo permitía, el resto del viaje

hasta la cueva tendrían que hacerlo caminando y trepando por aquellas piedras que se les interponían en su camino y que los dejaría a los dos sin aliento.

Ambos llegaron agotados y sin fuerza, por lo que el hombre moreno los tuvo que ayudar a llegar hasta la entrada de la cueva, allí impaciente estaba Saúl, el cual mantenía dos recipiente de barro los cuales contenían un brebaje que les ayudaría a ellos a recuperar la energía perdida.

Los dos hombres comenzaron a beber aquel líquido que de sobra ellos conocían y que era una fórmula ideada por Saúl. Saúl se sentó en aquella roca que representaba para él su trono, el hombre moreno sonrió cuando lo vio sentado en la misma y procedió a sentarse cerca del, con la diferencia que esto lo hizo en el duro piso de la cueva.

Los dos hombres permanecieron de pie mientras bebían lentamente aquel reconfortante liquido, cuando hubieron terminado se miraron para saber cuál de los dos iba hacer el relato, al final el que parecía más mayor se sentó en el piso, siendo imitado por el otro y entonces comenzó diciendo: > Hemos estado cabalgando tal y como nos dijiste, hemos podido encontrar tres caravanas que se dirigían hacia Sodama y les hemos advertido que ha ocurrido una gran desgracia, había que ver el rostro de aquellos hombres, el terror a perder todo lo que tienen los hizo temblar de miedo, entonces les hablamos de que quizás pudieran conseguir vender algo de lo que llevaban si se apuraban ya que otras caravanas se estaban dirigiendo hacia esta ciudad.

Saúl sonriendo junto con el hombre moreno se estaba imaginando todo lo que sucedería cuando quisieran venderles a ellos lo que llevaban, el exceso de mercancía los llevaría hasta estar dispuestos a perder sus ganancias.

El hombre moreno de pronto se puso serio para preguntarle a Saúl: > Si esos hombres descubren que todo ha sido un engaño, las consecuencias serian terribles. Saúl sonriendo lo miro y moviendo la cabeza afirmativamente dice: > Es verdad

lo que dices, pero mi segundo plan es acercarnos a los pozos negros que ellos tienen y que ha sido una de las fuentes de riquezas de ellos y darles fuego, el humo negro se podrá ver a grandes distancias y unidas a las tormenta de polvo hará que ellos crean que la desgracia ha sido de gran magnitud y nadie va a querer acercarse a un lugar con esa desgracia.
El hombre joven que acompañaba al recién llegado dijo: > Es mejor que vayamos los tres, así nos cuidaremos entre nosotros.
El hombre moreno sonriendo dice: > Por lo visto tienes miedo a caer en la tentación de la carne.
Saúl dice: > La juventud siempre se deja llevar de la fiebre del sexo y es normal que así sea, el único problema es que entrar en aquel mundo pudiera arrastrarlos hacia una enfermedad llamada lujuria.
El hombre joven dice: > Es verdad que me gustan las mujeres y me gusta el sexo, como ustedes dicen, pero los cuento que he podido escuchar me llenan de espanto.
Saúl lo interrumpe para decirle: > ¿Por lo

visto estuviste preguntando sobre lo que allí ocurría?

El hombre joven los mira a los tres desconcertado y tratando de coordinar lo que va a decir se sonríe cuando al final dice: > Debo de ser honrado, es verdad le estuve preguntando a los de una caravana lo que habían visto y estos me contaron cosas que según ellos escucharon y es que ninguno se atrevió a quedarse dentro de la ciudad al obscurecer.

El hombre mayor lo interrumpe para decirle: > ¿Nunca me contaste nada de eso?

El hombre joven avergonzado bajo la mirada mientras decía: > Nuestros padres nos han enseñado el respeto a los mayores y al faltar ellos tu pasaste a ocupar su lugar.

El hombre mayor estiro la mano para apretar la pierna de su hermano menor mientras le decía: > Por lo mismo, tienes siempre que tener confianza en mí, tu mejor que nadie sabes que yo deseo lo mejor para ti, bueno por lo menos has sido franco en este momento así que termina de decirnos todo lo que

averiguaste, de todos modos si vamos a ir a ese lugar, tenemos que tener conocimiento de lo que allí se oculta.
El hombre joven todavía se sentía avergonzado y más aun al notar que los tres mantenían en su rostro una sonrisa que le estaba diciendo que dentro de ellos existía una especie de burla a todo lo que él iba a narrarles, sin poderse contener comenzó diciendo: > Según me conto este muchacho que era hijo de uno de los componentes de la caravana, el sintió curiosidad y a escondida de su padre se quedo dentro de la ciudad para ver de cerca todo lo que acontecía durante la noche.
Saúl sin poderse contener dijo: > ¿Cuanto hace que hablaste con ese muchacho?
El hombre joven dijo: > Hace dos días fue en la ciudad, ellos están aun en la misma, su padre está buscando mercancía para regresar con algo que ofrecer a donde ellos se dirigen.
Saúl se volvió hacia el hombre mayor y con el rostro tenso le dijo: > No podemos permitir que el vaya diciendo que estuvo allí de noche y salió vivo.

El hombre joven lo interrumpió para decirle: > No creo que él pueda decir lo que vio.

El hombre moreno dice: > ¿Que quieres decir tú con eso?

El hombre joven se apretó los labios y todos se dieron cuenta que algo no andaba bien, por fin dijo: > Después que me conto todo lo sucedido aquella noche, tanto su padre como otros que estaban allí se enteraron que aquel joven había sido abusado sexualmente por un grupo de hombres y después por un grupo de mujeres.

Saúl lo interrumpe para decirle: > ¿Ese es el joven que apareció muerto en el acantilado?

El hombre joven dice: > Al parecer personas que venían en la caravana no querían que eso fuese dado a conocer, tenían miedo de crear un pánico entre los que se enriquecían sabiendo lo que allí sucedía al obscurecer, unos dicen que él se quito la vida, pero yo no creo que él sentía ningún remordimiento por todo lo que vivió.

El hombre mayor dijo: > Lo mejor que le

pudo pasar es haber muerto de todos modos ya él lo estaba desde el momento que entro en contacto con la epidemia.
El hombre moreno dijo: > Sabemos que durante el día, todos se comportan de manera normal y que solo llegada la noche las calles se llenan de multitudes buscando un desconocido, al no encontrarlo el apetito sexual se satisface con el que tengan más cerca.
El hombre joven lo interrumpe para decirle: > Según me conto hubo una familia que trato de salvarlo estos le pidieron que entrara en su vivienda antes de que lo descubrieran, pero él quería conocer el secreto que allí se encerraba y permaneció caminando hasta que un grupo lo descubrió y lo demás ya lo sabemos.
Saúl dice: > Deben de salir rápidamente las tres caravanas de seguro se detendrán a descansar en el Oasis de Sarán, para poder llegar antes que ellos tendrán que cruzar las montañas, por lo que será mejor que lleven cada uno tres monturas.
El hombre moreno lo interrumpe para decirle: > Las montañas nos ahorrarían

dos días de camino, pero debemos entender que existe un grave peligro, los Asaltantes y bandidos han buscado refugio en esa zona y encontrarnos con algunos de ellos no sería nada agradable.
El hombre joven dice: > Si la suerte no está de nuestro lado, podemos negociar dándoles información sobre las tres caravanas que estarán en el Oasis.
El hombre mayor asombrado lo mira mientras le dice: > Es mejor no encontrarnos con nadie, no te das cuenta que pudieran pensar que los estamos engañando y nos obligarían a ir con ellos.
El hombre joven mueve la cabeza dando a entender que es cierto todo lo dicho por su hermano.
Saúl interrumpe la conversación para decir: > El peligro esta cuando ustedes se dirijan hacia Sodama, al regreso pueden utilizar el camino que recorren las caravanas, así podrán llenarles la cabeza a ellos de las miles de cosas que se les ocurra.
El hombre moreno sonriendo dice: > Ya tengo pensado todo lo que les voy a decir, no hay nada más grande que la

superstición.
Saúl lo mira sin poder entender lo que este acaba de pronunciar, su cabeza se mueve en ambos lados como tratando de encontrar la idea que tiene el en su cabeza, pero solo logra de este su sonrisa eterna, es por eso que sin poder contenerse le pregunta: > ¿Que es lo que tienes en tu cabeza y que has llamado superstición?
El hombre moreno soltó una carcajada antes de hablar: > ¡Si la idea del fuego es buena, esta es todavía mucho mejor!
El hombre mayor lo interrumpe para decirle: > ¿Nos puedes decir de una vez que es lo que tienes en tu cabeza?
El hombre moreno dice: > Es bien sencillo, tres ángeles fueron enviados por Dios para avisarle a los que no se habían infectado, estos salieron escondidos saltando un muro y escapando así del terrible castigo que Dios les impuso a los que profanaron la ley.
Saúl sonriendo dice: > ¡Dejaremos por escrito en piedra que La Gran Prostituta fue destruida por castigo de Dios!

Primero fue que estaba casado.
Segundo que tuvieron una niña.
Tercero que murió en la cruz, por nuestros pecados.
Cuarto que resucito al tercer día.
Quinto que subió a los cielos
Y así han estado creando historias y más historias.
Lo triste es que algunos se lo creen.
Peor aún, muchos esperan su llegado bajándose de una nave.
Lo último que pude escuchar es que era un hijo de Enki.
Y con todas estas ideas descabelladas, queremos que nos respeten.
Claro que te va a doler escuchar esto, pero por lo menos vas aprender que has estado viviendo en una gran mentira.
No voy a continuar tratando de abrirles los ojos a las personas que quieren permanecer con ellos cerrados.
Si prefieres morir en la mentira, tiempo llegara en que comprendas la inutilidad de tu esfuerzo.

Nos aferramos a un clavo ensangrentado y queremos agarrarlo de amuleto.

El ANCIANO, me mira y sonríe, mueve la cabeza en ambos lados para decirme: "Es inútil están ciegos"

PROFECÍAS

Los pueblos del mundo han vivido siempre esperando el cumplimiento de las profecías.

Unos esperan el Mesías que los liberara de la pobreza y la miseria humana.

Hoy en día los profetas han sido sustituidos por los llamados CONTACTADOS, esos que dicen estar en contacto directo con las entidades extraterrestre.

Existen los llamados CANALIZADORES, esos que nos informan de cosas y casos donde la vida humana puede alterarse.

Mientras tanto aumentan los que ven fantasmas, espíritus, escuchan voces, mensajes y todo esto nos hace pensar si la humanidad con tanto desarrollo a entrado en un proceso donde la auto destrucción nos espera al final del camino.

"Ayer como hoy, los inteligentes viven de los brutos"
Es mucho más fácil aceptar una mentira que escuchar una verdad.
La tecnología sigue en aumento y cada día los controladores tratan de encontrar la solución que evita que los estados de ánimo de las personas sean tan cambiantes.
Existen maquinas que registran el pensamiento humano, aviones sofisticados que son manejados con el pensamiento, además de otros equipos que piensan más rápido que nosotros.
La mente humana puede ser programada para ver y oír, cosas inexistentes.
Naves madres, seres que penetran habitaciones, fantasmas, espíritus, nuestro cerebro está indefenso frente a todo este torbellino de cosas que están sucediendo a nuestro alrededor y que la humanidad se encarga de repetir producto del ego que cada uno tiene consigo.
Es increíble como experimentan con nosotros, los más fáciles de engañar son

aquellos con creencias religiosas donde el raciocinio se ha perdido.

Hace unos años en un lugar apartado del Estado de Georgia en USA, los días 13 de cada mes, miles y miles de personas acudían para ver la virgen, las cámaras fotográficas recogían imágenes que allí no se veían a simple vista y todo aquello se volvió una verdadera locura.

Por mucho que trate de decirles a las personas que aquello era un engaño, familiares y amigo me acusaban de no creyente y bla bla bla…

La lógica era bien simple… como era posible que la virgen supiera cuando era el día 13, solo teníamos que pensar que los meses cambian, incluso febrero tiene 28 días…

Si hubiesen dicho que la virgen aparecía cada 30 días, hubiese sido más creíble.

Pero el fanatismo nunca razona y su fuerza aplastante siempre conduce a las multitudes a su propia destrucción.

Política y Religión son controladas por personas que conocen perfectamente cómo conducir la multitud, los métodos son muchos, pero el final siempre es el mismo. Desviarte fuera del camino verdadero, ese que cuando lo encuentres tienes que defenderlo de los enemigos invisibles.

Formar parte del diamante, es poder contemplar la luz desde diferentes ángulos, recuerda que este tiene 72 facetas que componen el corte perfecto y comienza en un punto para terminar en una superficie plana.

Quien observa el diamante desde fuera tiene más información que el que vive en el diamante.

Que la lógica y el entendimiento iluminen hoy y siempre tu ser, esto te llevara a vivir en la proximidad de la verdad.

Mientras tanto seguimos diciendo:
YO SOY EL CAMINO
VERDAD DE VIDA
QUIEN LLEGA A MI
TENDRA VIDA ETERNA.

PROGRAMADOS DEL MUNDO. DESPIERTEN.

Cada uno de nosotros estamos aquí por una razón, muchos buscan lo mismo y pocos son los que encuentran solución a ese conflicto.

Luchamos no solo por lo que nosotros creemos es lo normal:

Despertar, desayunar y comenzar el día.

Algunos de los que me han leído, ya son personas que tienen familia y eso los hace tener todavía la responsabilidad, no solo de sus vidas, nietos, hijos y padres forman un grupo, donde los sentimientos de unos son pasados, hacia los otros miembros.

Pensamientos se cruzan sin cesar y los más responsables son los encargados de filtrarlos.

La política y la religión, son las opiniones que más daño nos pueden producir.

No todos pueden percibir una realidad que muchas veces no está frente a nosotros.

Nacemos sordos: (Nuestra naturaleza se niega aceptar los consejos de los mayores)

Nacemos ciegos: (Nos negamos a ver la realidad y muchas veces no la aceptamos aunque la misma nos esté haciendo daño)
Nacemos mudos: (Los años de vida con todas sus experiencias, nos han dejado mudo y tememos decirles a otros lo que estamos pensando)
Todas estas verdades nos hacen sentir que nuestra vida ha sido un fracaso, sin embargo la verdad es que todos esos fracasos y dolores, te han de permitir crecer en una nueva existencia, donde esas experiencias ya no son necesarias.
Por eso vas a romper con todas tus ataduras, eres un ser increíble dispuesto a escalar la montaña y gritar a los cuatro vientos.
TU ESTAS EN MÍ
YO ESTOY EN TI
TU ESTAS CONMIGO.
Esta es la llave que te permite entrar en comunión con ese ser que no tiene nombre, ese que solo reconocemos por su semblante, ese que cuida de nosotros sin importarle si eres perfecto o imperfecto, ateo o creyente, para él, nosotros todos

somos sus hijos y yo lo reconozco como padre.

Ese es EL ANCIANO DE LOS DIAS.

RECOMPENSA O CASTIGO

Son tantas las opiniones, que la confusión cada vez es mayor.

La humanidad vive buscando la verdad y muchos la quieren escuchar, de forma inmediata.

La juventud cree que ellos tienen la suficiente capacidad de asimilación para entender un proceso que se viene explicando durante miles de años y que nadie hasta ahora lo acepta como único y verdadero.

Son muchos los años de desinformación y es más fácil seguir con lo tradicional que aceptar la verdad como verdadera.

Nuestra vida se asemeja a esos juegos que aparecen en el televisor, donde te permiten seleccionar una llave y si esta abre el auto, puedes llevarte el mismo.

La selección la hace uno, tú aceptas o rechazas, esa es la forma de entender lo que a diario observamos y creemos que encierra la verdadera vida.

Son muchas las opiniones que a diario escuchamos, algunos repitiendo la misma historia que anteriormente escucharon y que para su entender poseía algo de cierto.

Una de las preguntas que más me hacen, es sobre el castigo que recibe la persona que por su actitud en esta existencia creo dolor en otros.

La idea es que un barbudo con muchas llaves te estará esperando y que este va a juzgarte y condenarte por todos tus pecados.

Algunos se imaginan que serán llevados hasta un lugar horrible donde las calderas del infierno lo estarán esperando para torturarlos sin piedad.

Toda esta idea descabellada nos hace pensar que nuestra vida es simplemente para permanecer encerrados en nuestra habitación y no mantener contacto con el exterior.

Nuestra vida está llena de errores y fracaso, todo ello son simples pruebas que nos ayudan en nuestro crecimiento, sin pecado no existe la experiencia, esta solo se logra a base de golpes, caídas, dolor, sufrimiento y solo puedes liberarte de esa carga, cuando comprendes que todo eso no son más que trampas que existen al costado del camino.

Para muchos la vida es vivir al margen del camino, es allí donde su naturaleza se siente a gusto, el único problema es que como todo en la vida cuando nos saturamos de lo mismo, rechazamos de forma enérgica esa actitud.

Esos que hoy vez que son en su actitud ángeles, en su momento fueron diablos.

Si observas el ADN vemos que un lado pasó a ocupar lo opuesto y así hasta llegar arriba.

El iniciado es aquel que conoce el secreto del camino y su paso lo mantiene neutro caminando por el centro sin llegar a los extremos.

Quien señale con el dedo a otra persona, se está señalando a sí mismo.

Los que han leído mi libro el OJO DEL ALMA, conocen de sobra que nuestra experiencia es dejada en la fuente y esta es como la limpieza que damos a nuestro cuerpo cuando vamos al baño, allí nos duchamos, nos secamos, dormimos y en la mañana nos ponemos rompa limpia y salimos a realizar la tarea del día.

Esta comparación simple es lo más cercano a nuestro proceso de existencia.

El cambiar de cuerpo y comenzar una nueva vida es simplemente como ponerte una nueva ropa limpia.

Espero poder seguir aclarando conceptos equivocados, mientras tanto seguiré repitiéndote lo mismo.

YO SOY EL CAMINO
VERDAD DE VIDA
QUIEN LLEGA A MI
TENDRA VIDA ETERNA.

RESPUESTA NÚMERO DOS.

Lo primero es que debía de respetar las creencias de los administradores, los cuales fueron los creadores de esos grupos.

Cosa que yo reconozco, no lo estaba haciendo.

Les pido disculpa a todos ellos, ya que fueron bastante condescendientes conmigo y me permitieron seguir divulgando lo que para muchos es una nueva teoría.

No es fácil tratar de enfrentarse uno al costumbrismo, durante años la humanidad ha sido conducida en una dirección y llegar ahora y decir que esa no es la ruta, eso solo lo realizan los locos.

Pero son los locos los que han producido los grandes cambios en el mundo.

Yo no invente nada, soy un simple mortal que se le permitió ver lo que solo los desencarnados podían ver, incluso ellos no llegan a Destino para descubrir la verdad, el Alma llega solamente para dejar la carga inmensa que nuestro paso por el planeta deja en nuestro verdadero ser.

Ese que durante años nos fue ocultado ya que solo se hablaba una y mil veces del espíritu, en el afán de desinformarnos y controlarnos se nos vino repitiendo en forma continua la palabra espíritu santo.

Solo las escuelas iniciáticas y los grados más altos conocían la existencia del Ojo de Horus, lo que es igual al ojo que todo lo ve, (la glándula pineal).

En la glándula pineal es donde se aloja nuestra Alma, la cual trabaja junto con la conciencia, para hacer que nuestra estancia en el planeta sea tolerable, la humanidad que rechaza su conciencia, vive en un constante enfrentamiento contra su propia naturaleza y eso ya se ha visto que produce daño.

La parte dual de nuestro cuerpo físico es el espíritu, este se ocupa de mantener viva la materia, su elemento primordial es el aire, encargado de nutrir nuestras células.

Antes de la muerte, los observadores ya conocen de nuestra partida y se realiza el cambio del Alma.

El Alma es recogida casi siempre mientras el cuerpo reposa, las dos formas que se presentan para transportar el

Alma, son dos vórtices uno es blanco y transparente y el otro es obscuro, el primero gira a favor del reloj, el otro gira en sentido contrario.

No podemos confundir esto con lo que ven los que han estado cercano a la muerte, ellos lo que ven es el nervio óptico, esto le permite salir fuera del cuerpo y contemplarse, incluso ver recuerdos gravados en la MEMORIA. Entiéndase esto como familiares, dioses, ángeles, paisajes, en fin toda una gama de imágenes que se han mantenido ocultos en nuestra mente.

Recordemos que en casi todos los casos, estas personas están siendo atendidas por médicos los cuales están luchando por evitar una parálisis, en el organismo.

Los observadores, conocen perfectamente que la persona va a sobrepasar esa crisis, por lo que no es necesario el cambio de Alma.

Son muchos los que prefieren vivir dormidos y defender eso que para ellos es la única verdad.

Estoy dispuesto a contestar cualquier duda que se tenga sobre este particular.

Estoy tratando de llegar a la mayor cantidad posible de personas, como ustedes deben de estar mirando en los medios noticiosos, en este momento hay un enfrentamiento entre un mundo y otro y todo frente a nuestros ojos, si la indiferencia es tu mejor salida, espera un poco y veras frente a ti los resultados.

Las preguntas puedes hacerla como mensaje y la respuesta la daré de esta forma para sí poder llegar al mayor número posible de personas, que se estarán haciendo la misma pregunta.
Juanelmanu.

RESPUESTA NÚMERO TRES.

El conductor descubre nuestra presencia, ya que la muchacha y yo somos los únicos que estamos fuera del edificio.

Este se da cuenta que nosotros no hemos llegado en el tren y nos dice que eso es imposible.

La muchacha explica que ella vive en ÉXITO y que desea regresar allí, ella no puede entender como ha llegado hasta DESTINO.

Por mi parte yo le explico todo lo que me sucedió desde ver la Ciudad de las Sombras, hasta su llegada y luego como vi entrar la multitud y después los vi desaparecer por las diferentes puertas que existen en el edificio.

El conductor nos explica que el no necesita poner sus manos en la fuente y que las puertas en total son 70, cada una dedicada a una rama diferente, este nos permite ver desde fuera lo que se oculta detrás de aquellas puertas, (entrada).

Pudimos ver como toda la creación es fiscalizada y en cada lugar se trabaja para lograr un avance científico, donde la creación se va perfeccionando.

Cada entrada representa una puerta dimensional.

El mundo animal, se forma y se transforma y nuevos aportes se incorporan en un sinfín de formas.

El mundo de los insectos, las aves, las plantas, las flores, todo un laboratorio con personal calificado estudia detenidamente como crear y perfeccionar la especie.

Científicos trabajan para proporcionar a la humanidad la cura para las diferentes enfermedades.

La lucha entre lo bueno y lo malo, ha creado un desplazamiento que no tiene fin, si viviésemos en nuestro mundo solamente con luz, pereceríamos producto de la falta de movimiento.

ÉXITO LA CIUDAD SIN FRONTERA, fue creado como lo opuesto a la Ciudad de las Sombras.

Toda la creación se formo basado en la ley de lo opuesto.

Eran muchas las puertas por ver y el tiempo era corto, el conductor debía partir pronto y sin él no podíamos permanecer allí, (las almas no van allí de vacaciones).

Me apure en decirle que quería ver la puerta donde estaban las religiones.

Desde fuera pudimos contemplar las diferentes corrientes religiosas y filosóficas y cosa extraña, los no creyentes también tenían su espacio en este inmenso lugar que llegaría yo a entender como DIMENSION.

El espectáculo era fabuloso en todo su aspecto, sin embargo me llamo la atención aquel árbol antiguo que me recordó una de las tantas creaciones ideadas por el hombre y me refiero a un árbol en miniatura conocido como BONSAI,

Aquel árbol imponente, majestuoso y que demostraba tener una larga existencia, era de mi tamaño.

Le dije al guía que yo quería verlo de cerca y este nos permitió acercarnos al mismo.

Cuando los tres estábamos frente al árbol, pude ver que de sus hojas brotaba una gota de un néctar parecido a la miel y le dije a la muchacha que ese era el néctar de la vida y quien lo tomaba tendría vida eterna.

El rostro que se formo en las ramas de aquel pequeño árbol, era el de un hombre joven con barba, este me dijo:

YO SOY EL CAMINO
VERDAD DE VIDA
QUIEN LLEGA A MI
TENDRA VIDA ETERNA.

No sé de donde salió el Anciano, sin embargo llego diciendo que eso que veíamos era una ilusión, que el árbol era la araña que tejía los destinos del hombre. Lo mire y me volví para mirarla a ella, mientras mi mano se movía para recoger la gota de néctar que caía de las hojas, la muchacha que estaba mirando frente a ella la araña, me estaba mirando y en su mirada estaba una interrogación.

Este es el ARBOL DE LA VIDA, la araña es una ilusión creada por el Anciano, bebe del néctar y nuestra vida será eterna.

La araña desapareció y los dos bebimos las gotas del néctar de la vida.

El Anciano estaba sonriendo y su rostro iluminado nos llenaba de paz y armonía.

El Anciano demostrando que me conocía me llamo por el nombre de Miguel.

Te invito a que escuches la obra, narrada por mí, así podrás entrar mejor en este mundo maravilloso del que todos formamos parte y por desconocimiento y olvido nos hemos alejado

RESPUESTA.

Muy interesante información amigo pero me surgen dudas. ¿Si no voy a la luz para donde voy? ¿Quedo vagando por la tierra? ¿Quien me va a ayudar si todo es una trampa? ¿En quien confiar?, y segundo vos mismo hablaste de otras vidas tuyas, ¿entonces fuiste victima de esa esclavitud?

He querido contestar de esta forma porque así ustedes pueden llegar a comprender mejor mi respuesta.

1.- Olvidemos toda esas historias de que estuve en el túnel de luz y que abuelito estaba allí y me dijo que tenía que regresar que no era mi tiempo.

Aunque la persona jure y vuelva a jurar que estuvo muerta, eso nunca sucedió.

Cuando el ALMA (he dicho ALMA, no el espíritu) abandona el cuerpo, ustedes no se enteran, tu cuerpo sigue vivo y tu espíritu sigue produciendo el oxigeno, necesario para mantener viva las células.

Esa ALMA no busca la luz, ni se va con el familiar, ni nada de esas historias que a diario nos dicen, para llenarnos más de confusión.

Los dos vórtices, se presentan de noche y aunque el ALMA no quiera irse hacia el Karma, (vórtice oscuro), este por la ley de la vibración, te va absorber.

El ALMA SUBSTITUTA pasa a ocupar aquel cuerpo y permanecerá dentro del mismo durante varios días, casi siempre tres, después de eso aquel cuerpo que a lo mejor estuvo trabajando, quizás de vacaciones disfrutando del sol y la playa, sin embargo lo programado para el es morir ahogado, quizás en un accidente automovilístico, en fin, la forma que se realiza el desprendimiento no tiene importancia, ya que la persona a estado funcionando con el AUTOMATICO.

Hay personas que han manejado muchas millas de distancia y luego no recuerdan haberlo hecho, estas personas han estado manejando bajo los efectos del automático.

El ALMA SUBSTITUTA, es una entidad que tiene como función el ocupar ese cuerpo, esta ha sido diseñada de forma que es inmune al proceso que vivirá esa persona. (Carece de apego a la materia, aunque es un gran simulador). Ahora vamos hablar del Túnel de Luz, dijimos que este era solamente el NERVIO OPTICO y que el ALMA SE ESCAPA POR ESO QUE PARECE UN TUNEL DE LUZ, claro va en salida por el ojo hacia el exterior de nuestro cuerpo.

Ese túnel tan divulgado últimamente y que solo ha creado un mar de confusión, esto se ha permitido porque ayuda a los controladores en su afán de mantenernos unidos a la cadena invisible que no permite que nosotros evolucionemos hacia planos superiores.

Es por eso que decía que existen dos Karmas, el primero es en la ciudad de las sombras y el segundo este, donde la confusión no te deja ver la verdadera luz, esa que ilumina tu día y que al ocultarse (EL SOL) ocupa nuestra vida la noche.

La belleza que nos rodea, solo se manifiesta cuando tenemos la presencia del astro rey. Entonces los colores toman vida y nuestra ALMA se regocija.

Los ARCONTES y nuestros controladores trabajan juntos en su afán de detenernos, esto lo vemos a diario a nuestro alrededor.

Estamos viviendo una época donde el mundo Quántico esta frente a nosotros, sin embargo, vemos a diario personas viviendo en el ayer y siguiendo doctrinas y enseñanzas que para su tiempo fueron de gran regocijo, sin embargo hoy en día carecen de solides.

(Decir que el espíritu es el que evoluciona, es faltarle a la esencia que vive en nosotros)

Y no me vengan a suavizar ese error llamando Alma espíritu, como si las dos cosas fueran una sola.

Si tú después de escucharme quieres seguir en tu mentira, esa es tu cruz, impuesta por ti misma.

El mundo de los recuerdos tiene tanta solides, como este en que vivimos, los llamados MEDIUM, pueden percibir ese mundo y hacer que este recuerdo tome una nueva forma, (ese es el mundo de los elementales, espíritus que forman parte de los elementos (aire, fuego, tierra, agua) pero nunca el ETER, por ser este de naturaleza superior. (Las entidades del

ETER, no se manifiestan en una reunión de espiritistas) estas pueden trabajar con nosotros, pero solo con personas que forman parte de ellos y que están aquí en una misión enviada por el Anciano.

Sé que toda esta información choca con muchas ideas y conceptos que nos han mantenido en el mundo de la FE, sin embargo tiempo han de venir en que la humanidad les sea permitida el ver los mundos que se cruzan con el nuestro.

La ciencia trabaja en crear unos lentes que permita a las autoridades el poder ver los pensamientos de las personas, esa tecnología junto con los implantes, les permitirá a ellos controlarnos mejor.

He publicado los escritos de otros, porque quiero que tú vayas entendiendo que son muchas las teorías y que cada uno cuenta y dice lo que a su forma de ser estima más lógico.

Mi historia no es un análisis, es una experiencia vivida por mí, esta se me permitió para que no sufriera por la acción que realice al desviar un ciclón.

De no habérseme permitido ver y contemplar todo el proceso, mi vida habría sido un suplicio, fueron muchas las personas que murieron producto de aquel desvió, sin embargo de no haberlo hecho, hubiesen muertos miles de personas.

Espero haber ayudado a esclarecer todo este misterio.

Es bueno saber que el hecho que yo escriba mis experiencia, no me convierte en un ser superior a ustedes, todos los que estamos aquí, estamos sujetos a la ley del Karma, (el iniciado conoce este camino y por ello mantiene el rumbo, caminando sobre la mierda sin hundirse en la misma).

Recuerden la flor de Loto crece en el pantano y su color es blanco y puro.

YO SOY EL CAMINO
VERDAD DE VIDA
QUIEN LLEGA A MI
TENDRA VIDA ETERNA.

RESPUESTAS A UN AMIGO.

Aunque para muchos esto es algo imposible, hoy vamos a estudiar a fondo todas estas interrogantes.

1.- El cine se encargo de crearnos la idea de que los seres que pueblan otros mundos son horribles, monstruos.

De esa forma nunca descubriríamos que en realidad somos nosotros los extraterrestres. (Los venidos de las estrellas)

2.- Los científicos no han podido ponerse de acuerdo en cómo en lugares remotos han aparecidos templos con una construcción sumamente sofisticada para la época.

3.- Te dicen que los Mayas llegaron y poblaron creando templos y ciudades hace apenas unos cientos de años.

El caso es que llegaron y se fueron, dejando detrás unos herederos que no han podido todavía edificar una sola ciudad como las encontradas en la selva.

4.- Dominaban el conocimiento oculto de las estrellas, conocían los ciclos solares y lunares, sus costumbres, vestimentas y forma de vida, solo existía en esas regiones.

Sus relatos eran grabados en piedras y en muchas de ellas existen representaciones de otros universos.

El terror, el miedo a perder posiciones y títulos, fue creando en los arqueólogos el pánico a divulgar los distintos hallazgos que podían llegar a esclarecer el misterio del origen.

No existe explicación posible que aclare el misterio de cómo podían aquellas civilizaciones mover esas inmensas rocas que hoy en día con todas las técnicas modernas es imposible de realizar.

5.- Buscando una explicación a las diferentes razas se nos dijo que habían existido cinco razas madres y que de ellas brotaron las otras. Estas les llamaron sub razas.

Bonita forma de explicar lo que no tiene explicación, sin embargo esto fue aceptado como única verdad.

Entonces vemos que los indios que viven completamente aislados en el Amazona, cada tribu o grupo mantiene una fisionomía diferente, costumbre, diferentes, ritos y forma de vida, diferente.

En lo que todos coinciden sin importar el lugar donde estén radicados es que sus ancestros siempre le dijeron que ellos venían de allí.

(Señalando hacia un punto distante en el firmamento)

Para los ignorantes que son muchos y lo son porque ellos les gustan serlo, no existe vida en ningún planeta, la biblia no dice nada de eso y con esas simples palabras ya ellos dan por terminada la conversación.

Hasta ayer la realidad que la NASA tenía oculta, no era conocida por muchos y aunque trataras inútilmente de decir que los planetas son huecos y que en todos existe agua y vida, eso solo te podía llevar a que te catalogaran como loco.

Para muchos la verdad es mentira y la mentira es verdad y estos se sienten felices y contentos de vivir en el engaño.

Para concluir, los Anunnakis, (venidos de las estrellas) eran hombres de carne y hueso, con tecnología tan avanzada que podían crear la vida y transformarla también, después del diluvio, (donde hubo un cambio de polo magnético), estos repoblaron el planeta trayendo de muchos lugares muestras con el fin de ver cual raza se adaptaba más a su nueva morada.

Los inadaptados como Abraham salieron en busca de algo mas, necesitaban conocer el territorio donde se encontraban y con ello llevaron, destrucción y muerte, terror y dolor, para aumentar su poderío, mataban a los hombres y se quedaban con los niños y sus mujeres, hoy en día vemos que la herencia de la región continua abonando el suelo con la sangre de sus moradores.

Hasta hoy en día, somos motivo de estudios por otras razas que con sus naves llegan para ver el gran experimento Anunnaki y comprobar que esto es un fracaso absoluto, ya que el mas fuerte domina al más débil y en muchas partes del mundo la humanidad mira a los cielos rogándoles a ellos que intervengan de nuevo en esta locura.

La razón por la que ellos no intervienen es fácil de entender.

El hombre viaja al África y desde sus carros móviles, contempla como la leona le cae detrás al ciervo y al final lo mata y con sus fuertes mandíbulas conduce la presa hacia su rey y amo el león, este después de comer, permite a la cazadora hacerlo y luego los demás componentes del grupo.

El hombre estudia la vida animal sin participar en ello.

Lo mismo sucede con nuestros observadores, miran y estudian nuestro comportamiento y descubren que con toda la tecnología que hemos adquiridos no conocemos el vivir en paz.

Terrícolas del planeta, despierten, solo encontraran la verdad, cuando salgan a buscarla.

YO SOY EL CAMINO
VERDAD DE VIDA
QUIEN LLEGA A MI
TENDRA VIDA ETERNA.

ROMPIENDO EL SILENCIO.

Existe de veras el silencio.
Te invito a que intentes escucharlo.
¿Existe?, ¿en verdad existe?, me parece que solo en un lugar que le dicen la cámara del silencio, este deja de existir.
Aunque en mi opinión, es solamente un silencio falso.
Todo lo que nos rodea vibra y si vibra, tiene por necesidad que producir un sonido, algunas veces en una baja frecuencia que nuestro sistema auditivo le es imposible de registrar.
Existen muchas opiniones sobre el mundo del silencio, mucho se ha escrito y se seguirá escribiendo, estamos en busca de encontrar el origen de todo y ese todo comenzó con un movimiento y este movimiento produjo vibración y esa vibración produjo un sonido.
Nuestra mente nunca está en completo reposo, es como una computadora que se mantiene encendida día y noche, las informaciones están entrando en la misma, infinidad de temas entran por segundo en los grupos sociales, ideas, proyectos, noticias, alegría, tristeza,

dolor, sufrimiento, todo fluye en un caudal de emociones que nosotros muchas veces miramos pero no vemos, oímos pero no escuchamos y es que nuestro organismo está programado para aceptar y rechazar al mismo tiempo.

Buscamos la verdad que nos convenga y cuando alguien nos dice algo que nosotros no aceptamos, entonces eliminamos de nuestro entorno todo lo que venga por ese medio.

Política y Religión se dan la mano para crearnos un caos interior donde nosotros formamos conceptos y más conceptos que nos hunden cada vez más en lo que ellos en verdad quieren.

Necesitan de nosotros, de todo ese sufrimiento y de todo ese dolor, que solo podemos rechazar si disponemos de la información necesaria.

Pero no tenemos tiempo, como buscar información si tengo que ver la novela, tengo que poner en FB, una foto donde me vea bien linda, quiero tener muchos seguidores y eso solo lo lograre si les enseño un pedazo de mi intimidad.

Increíble que tanto hombres como mujeres, se dejen manipular por esa parte de nosotros y que ya no es un secreto, todos conocen esa parte que existe, porque la hemos formado nosotros mismo y que llamamos EGO.

El hombre quiere retratarse sin camisa, su deseo es que las chicas vean que es un hombre que dedica tiempo a su figura y que eso es por la cantidad de horas que tiene que estar en el gimnasio.

Por sus hechos los conoceréis.

Recuerda ese que conoces en el gimnasio, te dejara sola para irse al mismo y continuar con la programación mental que el mismo se ha creado.

Esto es aplicable a los dos sexos.

Casarse y formar familia se ha convertido en un pecado y es que estos centros de desarrollo muscular, les unen y los desune con la facilidad de lo que puede durar la unión carnal.

Luego al pasar los años, las hormonas se van cansando de lo mismo y entran en los estados de depresión donde el mal ya no tiene remedio.

Muchos de los que leerán estas letras, pensaran que ya ellos pasaron por esa etapa, sin embargo unos practican y otros ven practicar.

En fin, cada uno encontrara, lo que en su vida el fue creando.

Todo aquel que no llega a los extremos, caminara por el centro.

Si puedes entender el mensaje, entonces disfruta, con la satisfacción de saber que todo es pasajero y que lo que hoy es azul, mañana puede ser verde.

Yo soy Juanelmanu y te deseo éxito en tu vida.

SE NACE Y SE HACE.
Nuestros alimentos contienen un desbalance nutricional, producto de las grandes demandas y para satisfacer la cantidad de habitantes, los laboratorios crean formulas hormonales para acelerar el desarrollo natural de plantas y animales para consumo de la humanidad.

Eso sin contar la labor que se realiza sin nosotros imaginarnos, son tantos los motivos, que han tenido que crear nombres para todas las variantes que surgen a diario y que por momento parecen querer ahogarnos.

Heterosexual, bisexual, homosexual, son tantas las definiciones que entrar en ese análisis es perder el tiempo.

Una cosa es nacer y otra es crecer en un ambiente donde la inocencia está siendo acosada por personas que sin escrúpulo, abusan de ellas, casi siempre porque ellos vienen también de un ambiente de abuso.

La parte a que yo me refiero es a los que están siendo utilizados a nivel mundial como medio de control de la natividad.

La forma directa de controlarte es utilizando, los medios para hacerte ver que experimentar lo nuevo no es nada anormal, comenzaron por la droga y ahora van hacia tus emociones intimas, esas que el chakra inferior es capaz de producir y que entidades que nos rodean se nutren de ellas.

Observemos la cantidad de pornografía que nos invade en el internet, todo de forma autorizada, los juguetes sexuales han remplazado la función normal de nuestra creación y todavía nos atrevemos a decir que es un ORGULLO.

Los controladores conocen todo nuestro organismo, tanto físico como emocional, nuestro cerebro ya no es un secreto y ellos conocen cada neurona nuestra y la función que la misma realiza.

Primero te hundiré en el fango y luego cuando salgas te estaré recordando que por mucho que te limpies con agua clara, solo estarás ensuciando el agua.

Existen drogas que se les suministra en las discotecas a los jóvenes de ambos sexo, esto te deja en un estado donde cualquiera puede transformarte en lo que ellos estimen conveniente, existen muchos casos donde las muchachas al otro día despiertan en hoteles y no recuerdan con cuantos estuvieron la noche anterior y si fue con mujer u hombre.

El joven de hoy en día está expuesto a un sinfín de peligros y es por todo ello que las amistades deben de ser escogidas, el amigo de hoy puede ser tu peor enemigo mañana.

El joven que crea que es lo suficiente inteligente y que eso a él no le puede suceder, ese esta en un completo peligro, su actitud le llevara a cometer errores que seguirán toda su vida, como una carié en su mente.

Solo entenderá lo que aquí digo, aquellos que sin pasión lo lean de forma bien despacio.

No critico tu forma de vida, tú eres dueño de tu propio destino y si te equivocas en esta, bueno ya tendrás oportunidad en otras vidas.

EL MUNDO DE MAYA

Si nosotros vivimos en la Matriz (Maya) (ilusión) un fragmento de esa ilusión puede ser llevado y replantado en otro lugar.

Los Anunnakis poseían la tecnología para aumentar y disminuir los cuerpos, (ciudades enteras podían ser disminuidas con todo lo que allí había y ellos no se enteraban, luego eran depositadas en una parte del planeta, así vemos que culturas enteras aparecían de la noche a la mañana, sin que nadie pudiera tener una explicación lógica.

De donde llegan las nuevas ruinas que se encuentran en lugares completamente inhóspitos donde no se han podido encontrar los cementerios de los habitantes que la poblaron.

Si utilizamos la lógica, encontraremos respuesta a los tantos interrogantes que nos hacemos hoy en día.

Acaso crees que las pirámides y esos templos donde los grabados son tan abundantes que necesitarían millones de personas viviendo comiendo, durmiendo y al final muriendo.

La ciencia se ha encontrado con una pregunta sin respuesta, hoy de forma sencilla te la estoy dando.

Las inmensas piedras eran disminuidas y llevadas al lugar donde querían ponerla, luego los gigantes la iban alineando, estos gigantes no podían de ninguna manera tener contacto sexual con mujeres de estatura promedio...

Muchas mujeres fueron convertidas en gigantes, ya que ellos les gustaban ser vistos como dioses y la humanidad de aquel tiempo les servía como tales.
Existen gravados que he puesto anteriormente donde se observan ellos y más aun, otros de diferentes tamaños. Nunca nadie supo dar una explicación a esos gravados.
La mujer de Lot fue destruida por la sal, esta se convirtió en azufre producto del calor intenso de la quemadura del petróleo.
En mi libro relato los sucesos como ocurrieron.

SODAMA

Hemos leído la historia que nos han contado de SODOMA, aquella versión nos decía que los ángeles se habían entrevistado con Abraham y que este incluso les había pedido que se alertara a las personas buenas que podían estar viviendo en aquel lugar.

Una de las tantas versiones es que Sodoma fue destruida por bombas atómicas y para ello se trae a colación lo escrito en un libro llamado El Libro Perdido de Enki su autor Zecharia Sitchin, explicaba que esta información la había adquirido de unas Tablas Sumerias.

Por lógica tenemos que saber que alguien nos ha estado mintiendo, si fueron bombas atómicas y estas hicieron que el viento radiactivo, creara el pánico en las ciudades Anunnaki y estos tuvieron que abandonar las mismas.

La pregunta seria, entonces que sucedió con Abraham, bueno de seguro como él podía comunicarse con ENLI, lo más posible es que a todos ellos les enviaron una nave especial para sacarlos al espacio.

Por lo visto Lot y sus dos hijas no pudieron sobrevivir a la radioactividad.

Y si lo lograron sus hijos saldrían deformes.

Algo anda mal en todo lo que nos han contado.

TORMENTA Y CALMA.

Cuando yo era un muchacho escuchaba a las personas mayores hablando de las diferentes situaciones por la que atravesaba el país, en ese tiempo estaba en el poder Batista.

Siempre escuchaba alguno de ellos decir: DESPUES DE LA TORMENTA VIENE LA CALMA.

Y siempre había otro que contestaba:

Y después de la calma, viene la tormenta.

Entonces todos comenzaban a reírse.

Hoy comprendo aquellas sabias palabras que la experiencia de los años, les hacía a ellos repetir una y otra vez.

Todos los ciclones se caracterizan por mantener un centro llamado ojo, allí todo permanece en calma, sin embargo esa tranquilidad vista desde el espacio, es solo una ilusión pasajera, la verdadera tormenta continua su paso destructivo sin importar la calma que existe en su interior.

Lo que se manifiesta fuera es lo mismo dentro.

Como es arriba es abajo.

Si estudiamos con detenimiento, lo antes expuesto, nos daremos cuenta que ese mismo principio puede aplicarse en muchos casos donde nuestro entendimiento no nos permite ver la verdad.

El sabio conoce las reglas de la vida y actúa de acuerdo a lo que cada momento necesita que el haga.

Observemos nuestras situaciones desde arriba y comprendamos que todo es pasajero, nada es eterno, la vida es una ola inmensa que unas veces nos tiene arriba y otras veces abajo.

El sabio aprende a dominar las olas y su palabra es verbo y su verbo es acción y así como el divino maestro nos dejo el relato de la tempestad y este procedió a calmar las olas, así nosotros podemos aprender a dominar todo ese mundo invisible del cual nosotros somos parte.

Bienaventurado aquel que despierte su potencial humano.

Bienaventurado todo el que despierte su ser interno.

Bienaventurado todo el que despierte su comunión con la fuente.
Porque de ellos será el poder dominar los elementales.
No estamos solos y nunca lo hemos estado, existe todo un mundo invisible, asistiéndonos en nuestro peregrinar y solo ellos actúan cuando dejamos que ellos participen en nuestro empeño.
No te cases con la ignorancia porque será una boda llena de fracaso.
La luz de ALCYON, pondrá al descubierto todo un mundo invisible hoy a nuestros ojos, la mentira y la maldad, no podrán tener cabida, el aura individual y colectivo dirá quiénes somos y lo que queremos, la luz penetrara las cuevas más profundas y la sombra no podrá existir al estar rodeada de luz por todas parte.
"PADRE ANTE TI CONFIESO SER TU HIJO"
Si entiendes las palabras, es porque tu corazón está listo para recibirlo.
YO SOY EL CAMINO
VERDAD DE VIDA
QUIEN LLEGA A MI

TENDRA VIDA ETERNA.

TRADICION.

"La fuerza de la costumbre crea el habito"

La mentira que se repite muchas veces, llega a convertirse en verdad, aunque no lo sea.

La palabra confusión, produce duda, está a su vez produce indecisión.

Durante siglos hemos estado aceptando producto de la tradición, tanto hablada como escrita, ciertos términos que hoy al escuchar lo contrario, nos negamos aceptar que hemos vivido en un grave error.

Decirle a una persona de esta época, que la palabra AMEN, tiene su origen en las escuelas de misterio del alto y bajo Egipto y que era la forma de adorar AMUN, es inaceptable por ellos, que creen que la palabra quiere decir ASI SEA.

Muchas religiones modernas, creadas en su inmensa mayoría hace apenas unos cientos de años y que solo han servido para dividirnos en opiniones diferentes, donde el DOGMA ha ejercido su fuerza y control.

Escuchar estas personas defender su creencia con vehemencia, es algo bastante doloroso.

La desinformación domina nuestra capacidad de entendimiento y los controladores conociendo la debilidad humana, se han encargado de frenar al que trata de llevar la luz del conocimiento a estas personas.

Conocemos y entendemos como verdadero las cuatro estaciones del año, sin embargo desconocemos donde se origino por primera vez este conocimiento.

Las fechas anteriores que tuvieron un significado diferente, ahora son seguidas con otros nombres y sin embargo siguen siendo las mismas.

Hablamos y seguimos hablando del espíritu santo y desconocemos por completo lo que encierra esta costumbre.

Sin embargo no dudamos, porque de hacerlo estaremos traicionando el DOGMA y esto podría ocasionarnos dolor en nuestro subconsciente, el cual ha sido programado para sufrir castigo por traición.

"Increíble pero cierto"

Un 90% de los que hablan y dicen los pasos a seguir para mejorar tu vida, se mantienen alejados de la práctica.

Y es que la práctica, conlleva sacrificio y esto significa el empleo de grandes horas dedicadas a la meditación, contemplación y disfrute de ese mundo invisible al ojo humano cuando este está en estado de alerta.

Es mejor hablar del camino, aunque nunca se haya podido ver el mismo.

Es por eso que a diario vemos personas, que en su afán de expresarse, copian y pegan fragmentos unas veces de la biblia y otras veces de escritores que en un momento determinado de su existencia, publicaron algún tipo de información.

"El protagonismo es grande y muchos se alimentan de esa miseria"

Mientras el humano viva en la mediocridad, su alma seguirá siendo fango y nunca dejara que brote la esencia divina esa que se manifiesta frente a

nosotros como una hermosa flor de LOTO.
Cambiar nuestra forma de expresión, nos conduce hacia una nueva morada, esa que mantiene las puertas abiertas para recibir con amor a quien penetre en ella.
YO SOY EL CAMINO
VERDAD DE VIDA
QUIEN LLEGUE A MI
TENDRA VIDA ETERNA.

TRATAR NO ES TRIUNFAR.
Puedo intentar llegar a los corazones de muchos, pero lograrlo es imposible.
Existe una cadena invisible que ata la humanidad y esta por la fuerza de la costumbre ha creado el hábito.
Es increíble como las personas viven en la mentira y continúan en ella después de escuchar la verdad.
Se nos controla diciendo y repitiendo que nadie posee la verdad, de esa forma

aunque la escuches mil veces, nunca la vas aceptar.

Durante siglos enteros se nos ha venido diciendo que sufrimos para expiar nuestros pecados.

Contemplamos el sufrimiento como algo natural y buscamos explicaciones sin sentido para afirmar que es castigo de dios.

Son muchos los que han despertado, pero pocos los que comparten ese despertar.

Retenemos información por miedo a que se nos prejuzgue y en muchos casos para evitar la confrontación.

En fin, tratare de comenzar a explicar de nuevo, la verdad de la vida.

Ejemplo bien claro:

Las personas están abordando un avión, en el último momento uno de los pasajeros decide bajarse.

Horas después el avión ha desaparecido de los radares y se cree que ha tenido un accidente y que no haya sobreviviente.

Veamos los hechos

La persona que se baja, no puede morir en ese accidente, simplemente porque su alma todavía está dentro de su cuerpo y al no tener sustituto, el guía le ordena que tiene que salir del avión.

Las otras personas aunque caminan, hablan, se despiden de familiares y amigos, ya su cuerpo está en poder del sustituto, sin embargo su memoria retiene toda la información para que la persona siga actuando con naturalidad.

De esa forma la persona no sufre ni siquiera se entera que su cuerpo a dejado de existir.

El Alma fue recogida en sueño y ni siquiera vio los dos vórtices que vinieron en su búsqueda.

Es bueno aclarar que siempre son dos los vórtices, aunque el alma solo se va por uno de ello.

En ningún momento el Alma se entera que ha dejado su cuerpo detrás.

Una persona que ha tenido un accidente y esto es un ejemplo.

Es llevada al hospital, allí la ciencia médica, lucha por mantener sus síntomas vitales, durante el transcurso de este proceso, el espíritu puede salir fuera del cuerpo, este se siente libre de la responsabilidad que tenia de mantener el aunque la escuches mil veces, nunca la vas aceptar.

Durante siglos enteros se nos ha venido diciendo que sufrimos para expiar nuestros pecados.

Contemplamos el sufrimiento como algo natural y buscamos explicaciones sin sentido para afirmar que es castigo de dios.

Son muchos los que han despertado, pero pocos los que comparten ese despertar.

Retenemos información por miedo a que se nos prejuzgue y en muchos casos para evitar la confrontación.

En fin, tratare de comenzar a explicar de nuevo, la verdad de la vida.

Ejemplo bien claro:

Las personas están abordando un avión, en el último momento uno de los pasajeros decide bajarse.

Horas después el avión ha desaparecido de los radares y se cree que ha tenido un accidente y que no haya sobreviviente.

Veamos los hechos

La persona que se baja, no puede morir en ese accidente, simplemente porque su alma todavía está dentro de su cuerpo y al no tener sustituto, el guía le ordena que tiene que salir del avión.

Las otras personas aunque caminan, hablan, se despiden de familiares y amigos, ya su cuerpo está en poder del sustituto, sin embargo su memoria retiene toda la información para que la persona siga actuando con naturalidad.

De esa forma la persona no sufre ni siquiera se entera que su cuerpo a dejado de existir.

El Alma fue recogida en sueño y ni siquiera vio los dos vórtices que vinieron en su búsqueda.

Es bueno aclarar que siempre son dos los vórtices, aunque el alma solo se va por uno de ello.

En ningún momento el Alma se entera que ha dejado su cuerpo detrás.

Una persona que ha tenido un accidente y esto es un ejemplo.

Es llevada al hospital, allí la ciencia médica, lucha por mantener sus síntomas vitales, durante el transcurso de este proceso, el espíritu puede salir fuera del cuerpo, este se siente libre de la responsabilidad que tenia de mantener el cuerpo en funcionamiento, (recuérdese que el nos sostiene al nutrir nuestro organismo de oxigeno, esencial para alimentar las células),

El oxigeno está llegando a nuestros pulmones, muchas veces por un tubo que está obligando a los pulmones a recibir el aire y este es impulsado hacia las diferentes partes de nuestro organismo.

Es en este momento que la persona puede contemplarse acostada y puede presenciar como la ciencia lucha por salvarlo.

Aunque para muchos esto está sucediendo en nuestro plano físico, desde otro plano superior se observa todo el proceso, ya que antes de suceder el accidente estos ya conocían del mismo.

Existen casos donde un familiar entra en el plano superior y descubre lo que está sucediendo, esto ha sido motivo de estudio en animales y a demostrado que ellos también mantienen una comunicación invisible, incluso en las plantas se sabe que estás sienten la proximidad del que viene hacerle daño.

Ahora vas a entender el famoso ¿POR QUE?

Si has estado leyendo, escuchando el audio libro, ÉXITO LA CIUDAD SIN FRONTERA, habrás podido darte cuenta que todo lo que existe en DESTINO, es una manifestación creada por el ANCIANO DE LOS DIAS.

Todo lo que se ve y no se ve, es producto de la emanación del Anciano, este fue creado por el TODO, con el fin de llevar un orden en el CAOS.

Si tu creencia te dijo que el TODO, tenía un nombre, estas en un error, los llamados DIOSES, los cuales tienen muchos nombres, según los pueblos y costumbres, esos llamados dioses ocuparon el número diez de la creación, (DEUS) (dios) (diez)

Es por eso que no puede ninguno de ellos recibirte cuando pasas la puerta de DESTINO.

Sin embargo todos los Dioses y creencias filosóficas y religiosas, incluyendo los ATEOS, todos ellos tienen su propia morada.

Es por eso que unas veces venimos como adoradores de Buda y otras veces venimos como seguidores de Jesús.

Las escuelas iniciáticas en sus más altos grados, explicaban con lujo de detalle el porqué fue creada la religión y el papel que estaban llamados a cumplir, (cosa que muchos cambiaron para un provecho propio).
Yo soy Juanelmanu y espero poder seguir aclarando preguntas.
Juanelmanu.

UN ALIMENTO LLAMADO PASADO.

Para muchos el pasado les representa un alimento en el empobrecido presente en que pasan sus vidas.
Romper la soga del ancla que te mantiene inerte en este mar que se agita sin cesar a tu alrededor, seria para ti un gran triunfo.
Sin embargo es imposible la liberación, el miedo a enfrentar lo desconocido, nos retiene en el mismo lugar y la mente al ser

un componente directo de nuestra existencia, nos traiciona una vez más dejándonos inmóviles en esta misma posición.

La fuerza invisible que mueve nuestras vidas, nos hace luchar contra todo aquello que nos libere de nuestra costumbre.

Ser maestro, guía, gurú, no es fácil cuando la mente rechaza todo lo que signifique liberación.

Salir del cascaron y contemplar que existe una realidad diferente a lo que está dentro del huevo, es enfrentarnos a otro mundo y eso solo se logra con fuerza de voluntad, deseo que llenara nuestra alma, con un solo sentimiento…FE.

Tengo Fe en mí, porque soy una partícula divina que descubre una nueva realidad.

Esa que fue creada para gloria y dicha de mi amada existencia.

No sirve de nada auto programarme mentalmente, si mis acciones no contribuyen al cambio.

Solo mi fuerza de voluntad y mi tesón, me permitirán seguir rompiendo el cascaron para que todo mi cuerpo logre salir del mismo.

Entonces, podre agitar las alas que me fueron concedidas y volare tan alto como me pueda llevar mi imaginación.
Seré un ser especial…..solo….cuando mantenga mi equilibrio.
Romperé con la polaridad que me lleva a los extremos y mantendré el rumbo fijo que mi cuerpo necesita.
Solo encontrare la verdad, si salgo a buscarla.
Esto es solo el comienzo para mi nueva existencia.
SOL LINDO
SOL HERMOSO
TU QUE VIVES
Y REINAS EN ESTE PLANETA
CONSEDEME LA PAZ.

ELLOS NO OCULTAN LA VERDAD.
Solo que nos la dicen de forma que no la creemos.

Un amigo me dijo un día en la playa, si yo quería que el llamara el platillo volador, la verdad es que le dije que sí, pero nunca pensé que este podía hacerlo.

Pues se fue a la orilla y comenzó a meditar, una hora después cuando nos habíamos olvidado de su presencia, mire a lo lejos y lo que vi fue lo mismo que había visto en una película aquella del encuentro con los grises en la cima de la montaña.

Era una noche sin nube y aquella nube que se formo de momento a unas 10 millas iba en aumento, rayos y truenos se veían dentro de aquella inmensa nube que aumentaba de tamaño, le dije a mi ex esposa y a nuestra amiga Barbará que miraran aquello y les pregunte si ellas querían irse en el platillo, todos dijeron que no…. Desperté a mi amigo y le dije que allí estaban ellos y si él se iba a ir y me dijo que no… entonces decidimos entrar al edificio y nada mas comenzamos a caminar y aquello todo se disolvió y el cielo quedo tan claro y transparente con la luna inmensa sobre el mar.

Todos esos que dicen que trabajaron para el gobierno y que ellos quieren dar a conocer todo lo que saben (TODOS ESTAN AUTORIZADOS HABLAR, DE LO CONTRARIO NINGUNO DIRIA NADA) no pueden seguir ocultando la verdad, porque se están enfrentando con los reptiliano y les están destruyendo sus base bajo tierra y en el mar. Nadie habla de los huecos en la tierra y porque está sucediendo en este preciso momento... "La humanidad tiene que despertar a las buenas o a las malas"

UN LÍDER NO NACE, SE HACE.
Un millonario nace como tal, pero si no sabe administrar su dinero, termina en la miseria.
Solo logra ser rey quien aspira a serlo.
Mientras los pueblos se entretienen en criticar, el poderoso se siente feliz ya que el tiempo que se dedica a esa crítica, no les deja lugar para lograr alcanzar la meta.

Si la información que tú aceptas como buena es la que proclaman los organismos oficiales, entonces nunca lograras obtener el resultado real.

Los intereses, políticos, económicos y religiosos, nos controlan la información y solo encuentra la verdad el que sale a buscarla.

Son muchos los que piensan que nada está sucediendo y es que al parecer ellos viven en zonas donde no existen, volcanes, terremotos, inundaciones, sequias extremas, fuego, tormentas, guerras y como estas no están cerca de su centro de vida, pues simplemente lo ignoran.

Muchos piensan incluso que todo lo creado es producto de la casualidad.

La forma de pensar, materialista y la forma de pensar espiritista, están en lucha y mientras ambas se desgastan entre sí, los científicos luchan por encontrar un equilibrio entre ambas.

La REALIDAD y la FANTASIA se unen para crear una nueva perspectiva.

Esperemos que todo esto sirva para ayudarnos en este difícil caminar llamado existencia.

UN MUNDO EXTRAÑO

No es extraño escuchar a diario personas decir, que ellos buscan vivir en la verdad. Sentimientos profundos nos llevan a buscarla y muchas veces la escuchamos hablar y decirnos, "yo soy la verdad" y nos apuramos en negar la misma.

Nuestro cerebro está acostumbrado a mover sus neuronas con solo escuchar la palabra clave.

Actuamos por impulso y solo escuchamos la palabra que durante mucho tiempo nos han venido creando la motivación, esta muchas veces nació en el exterior y nosotros la aceptamos en nuestro interior.

Así vemos que la palabra AMOR, ya no contiene el mismo significado.

Asociamos el Amor con el SEXO y esto nos hace visualizar nuestra última escena donde compartimos con otra persona.

Nuestra mente se pierde en los recuerdos y la realidad que nos rodea deja de existir.

Hablamos de programación mental y miramos a los demás sin comprender que lo que vemos en otro es un reflejo de nuestra propia existencia.

Religión y Política controlan nuestras vidas y hasta los más listos no pueden escapar a este control.

Los mensajes sutiles nos llegan de todos lados, los motivos que se manifiestan en nuestras vidas nos llevan a decir y actuar de forma automática.

La humanidad romperá el cascaron solo cuando los controladores nos conduzcan en esa dirección, mientras tanto somos juguetes que solo hablamos y actuamos de acuerdo a las circunstancia.

Decimos ser creyentes firmes de nuestra religión y seguimos buscando en otras las corrientes filosóficas que nos pueden gustar.

Muchos viven amarrados al clavo de la cruz y piden a diario pasar por los tormentos y azotes reflejados en la imagen y todo ello para demostrarse ellos mismos que son creyentes.

Llevamos dentro el gusano del conformismo y aceptamos sin preguntar lo que nuestro cerebro nos dicta.

Buscamos escuelas y técnicas nuevas que nos guíen hacia el mundo interior y sin embargo dejamos la puerta abierta para que entre en ella un sin número de larvas que merodean nuestro alrededor.

En meses anteriores les he estado enseñando uno de los secretos que durante miles de años fue motivo de respeto y adoración de multitudes.

TU ESTAS EN MÍ
YO ESTOY EN TI
TU ESTAS CONMIGO.

Muchos continúan el camino, otros tienen duda y otros se olvidan fácilmente de lo que han venido leyendo.

Existen personas que alegan que todos no estamos en la misma capacidad de entendimiento.

Nuestra función es hacer que nuestro pequeño universo que nos rodea vibre en armonía y esto solo se consigue ayudando a otros a encontrar el sendero que lo conduzca al camino.

Muchos he visto en estos últimos meses que ellos han estado tratando de llevar a otros hacia el conocimiento en que ellos se desenvuelven.

Unos solo hablan de espiritismo y contemplan todo basado en esa enseñanza.

Otros están en el mundo del Tantra.

Otros están en el mundo de la meditación.

Otros están en el Yoga y en la respiración.

Otros son vegetarianos y proporcionan las dietas que ellos hacen.

Están los seguidores del Judaísmo y toda su enseñanza está basada en la tradición.

Están los seguidores del Cristianismo y en muchos casos hablan de Cristo sin saber lo que encierra la palabra.

Unos hablan de Moisés, otros de Abraham, otros de Jesús y Jehová y al final los de la nueva era, con los Reptiliano, Draconianos, Anunnaki y

todo un mundo ET, donde muchos consideran que ya somos esclavos de ellos.
Para muchos yo soy un látigo que castiga sin piedad a diestra y siniestra, sin embargo, soy solo un espejo donde debes mirarte, contemplarte en silencio y luego decidir cuál será tu forma de pensar y vivir en el futuro.
Mientras tú tomas tu determinación, yo continuare diciéndote:
YO SOY EL CAMINO
VERDAD DE VIDA
QUIEN LLEGA A MI
TENDRA VIDA ETERNA.

UNA SOCIEDAD EN SUCIEDAD.
Cuando vivimos en una sociedad y no sabemos comportarnos, actuamos solamente con nuestros instintos y esto nos deja en una situación donde impera el desastre.
"UN HOMBRE SIN CONCIENCIA, CAMINA SIN RUMBO"
Nuestra vida en el planeta está llenando de destrucción cada rincón del mismo.

Unos creen encontrar la solución para detener la crisis, creando gobiernos totalitarios, los cuales con mano de hierro, imponen castigos a todos por igual.

Existen en el planeta tantos conflictos armados, donde hermanos con hermanos se enfrentan para terminar con sus vidas, estas al estar actuando sin conciencia, son fáciles de controlar y manipular para llevarlas con rapidez hacia el precipicio, allí, no habrá vencidos ni vencedores, ambos serán aniquilados por carecer de la parte más elemental del ser humano, **COMPRENSION, AMOR, DIGNIDAD, HONRADEZ, INTELIGENCIA.**

Estos grupos guiados por fuerzas obscuras se destruyen entre ellos y cuando sobrevive el más fuerte, este ya no tiene energía para enfrentarse a un nuevo enemigo, ese que los estuvo manipulando.

La humanidad pudiera convivir perfectamente, pero no nacimos en el planeta para ello.

Ideas y conceptos que aparecen en forma de escritura, producen en muchas personas un descontrol mental y llegan a insultar, vejar y humillar a los que no piensan como ellos.

El mundo está sufriendo un desajuste emocional y nuestro análisis mental está lleno de confusión, así vemos que cuando dices que un objeto es azul, apto seguido surge alguien a decir que es verde y si por casualidad y con el ánimo de no discutir le dices que sí, que tiene razón que es verde, entonces el otro te mirara asombrado para decirte que es casi azul.

Las personas no quieren y no desean aclarar ni entender a los demás, esto es algo que se puede observar dentro de tu propia familia, el desajuste emocional, apenas comienza.

Convivir unos con otros, será casi imposible, los hijos odian a los padres, los padres odian a los hijos, los maridos a sus mujeres, las mujeres a sus maridos, la mujer quiere tener por compañera a otra mujer y el hombre le está sucediendo lo mismo, nos dicen que es algo normal, pero eso está lejos de ser cierto, esto no es un problema que siempre existió y era respetado por todos, incluso una persona hermafrodita era considerada como una persona especial y se le cuidaba y mantenía durante toda su existencia, en este momento esto no es un problema de hormonas es una epidemia donde los grandes manipuladores están conduciendo a la humanidad hacia la LOCURA.

Observen las noticias, los programas de televisión, la radio y las películas, el veneno está en todas partes, la pornografía si no sales a buscarla ellos te la envían y no te dejan hacer nada en internet, si no pasas por donde están ellos…. Existe un deseo en esos que detrás de sofisticados monitores quieren llevarte hacia un camino donde no hay regreso y ellos lo saben.

Usurpan nombres e identidades para enviar videos con virus, estos si cometes un error, les permite a ellos tener una justificación para espiar tu vida, creando como excusa el que eres un depravado sexual, increíble que gobiernos utilicen estas formas para conocer y controlar las multitudes y lo más terrible es que al final el daño será peor que la enfermedad.

Todo esto es para lograr lo que tanto ellos desean, controlar la INTERNET, limpiando y filtrando todo lo que en ella se publica.

"EL FIN JUSTIFICA LOS MEDIOS"

Recuerdo cuando llegue a este país, apenas comenzaban los grupos hippie y viviendo en New York, me invitaron unos primos a ver un concierto al aire libre, aquello era absolutamente gratis y para mi asombro habían personas repartiendo cigarros perfectamente hechos de mariguana, lo asombroso es que a varios pasos de nosotros estaban los policía cuidándonos.

Años después ya sabemos todo lo que ocurrió, aquella juventud fue llevada de la mano hacia un paz y amor, donde escapar aquel desenfreno era un apto de héroe, así vemos que hoy en día, muchos presidentes confiesan haber vivido todo aquel mundo en su juventud.

Las Universidades americanas, todas saturadas de ideas y conceptos nuevos, se les permite tener una semana de libertinaje en diferentes playas del mundo, las cámaras indiscretas se encargan de mantener un record de toda aquella actividad, para los controladores es importante tener una foto de esa joven que en estado de embriagues, se quito la ropa y bailo desnuda, luego al pasar de los años esa persona ha madurado lo suficiente para aspirar a convertirse en una figura pública, sin embargo aquel hecho que ella olvido, les permite a los señores de la sombra, refrescarle la memoria.

"EN FIN VIVIMOS EN UNA LOCURA COLECTIVA, DONDE DOMADOR Y FIERA ESTÁN ENCERRADOS EN LA MISMA JAULA"

Es por eso que hoy dedique estas letras a esa SOCIEDAD QUE VIVE EN LA SUCIEDAD.

Es bueno recordar que el hombre sin conciencia camina sin rumbo.

Y el equilibrio en la balanza es mantenido por la conciencia.

Esperemos que la humanidad despierte antes de autodestruirse.

TU ESTAS EN MÍ
YO ESTOY EN TI
TU ESTAS CONMIGO.

VIDA DESPUÉS DE LA VIDA.
La desinformación es el arte de encubrir la verdad.
Amparados en títulos universitarios, estos señores se especializan en llenarnos de información equivocada.
Una mentira repetida muchas veces, se acepta como una verdad.
Fue así que vimos como todas las noticias hablaban sobre el 12-21-12, robando la atención de un público que busca una luz en el túnel.
El protagonismo de muchos les ha hecho pensar y proyectar que son guías espirituales y a diario los vemos repitiendo la misma información, estos llegan al colmo de decir que están en comunicación con ángeles, seres de luz, maestros ascendidos, extraterrestres, en fin una verdadera elite que solo se comunican con ellos.
Algunos inteligentemente van incorporando nuevas ideas que copian de

otros que como ellos poseen una gran imaginación.

El intelecto de muchos es exageradamente bueno, pero todos carecen del intuitivo y estos solo repiten las experiencias vividas por otros, llegando al colmo de incorporar en sus charlas los nombres de diferentes personajes que como ellos han sido desinformadores profesionales.

Lo primero que debes de saber es que si te estás muriendo y dices que ves a tus seres queridos, esto es completamente incierto y todavía más incierto es creer que el túnel de luz es el que te conduce hacia un dios determinado, sea cual sea, - los que dicen haber regresado y cuentan esto carecen de credibilidad ya que esto está muy lejos de la verdad.

Esto que voy a decir es únicamente para esos familiares que sufren por desconocer este secreto. (La persona que va a morir, es sustituida con anterioridad y esto se hace para que el alma no sufra el trauma de la separación del cuerpo carnal).... --- ahora comienzan los que no saben nada y se creen dueños de la verdad, estos casi siempre dicen lo mismo, ¿Quién te lo dijo? - ¿Dónde lo leíste? - y al final cuando su cerebro procesa la información, salen estos a decirlo como si fuese un descubrimiento de ellos.

Lo segundo es que no te encuentras con ninguna entidad, ni religiosa y mucho menos un familiar. – No puede suceder esto porque cada uno de nosotros tiene una creencia religiosa diferente y los hay que son ateos por lo que sería imposible de crear para cada uno de nosotros un estilo diferente... - En algunos casos y estos son muy contado, la persona a dejado de existir y ha vuelto a la vida, pero los familiares casi siempre descubren que la entidad que ocupa el cuerpo se manifiesta en forma diferente.

La persona que han visto el túnel de luz tan famoso simple y llanamente lo que han percibido es el alma saliendo por el nervio óptico, (esta alma que se aloja en la glándula pineal busca la salida por el nervio óptico) hay que diferenciar el alma del espíritu... - (los viajes astrales son producidos por el alma, esta puede regresar al cuerpo porque el espíritu todavía reside en el.

La doble espiral permite al alma seleccionar el camino a coger, el vórtice que gira en dirección a las manecillas del reloj te va a conducir a Destino, allí vas a poder experimentar una nueva experiencia que te ayudara a enriquecer tu alma. El vórtice que gira contrario te llevara a Karma, la ciudad sin luz, donde serás una sombra mas sujeta a la cadena que esclaviza tu alma y que solo podrás romper cuando aprendas el perdón.

Existen dos Karmas, uno está en la ciudad sin luz y otro está dentro de destino, este último es mucho más fácil de romper ya que has llegado aquí buscando una enseñanza y no un castigo.

Te invito a Leer mi libro El Ojo del Alma, aquí podrás encontrar mi encuentro con el Anciano de los Días.

VOLVEMOS A LO MISMO.

El secreto templario era la figura de esos dos hombres cabalgando en el mismo caballo. Si no entendemos esa imagen, como vamos a poder hablar de Emanuel y mucho menos de Magdala. Todavía estamos pensando que al que le atraviesan una lanza romana por el costado y su punta parte en dos el corazón, esa persona puede regresar a la vida, ni siquiera con la tecnología ET. Esto se puede lograr.

Santiago era el gemelo de Emanuel, fue el primogénito y estuvo casado con Magdala, esa es la famosa boda de Caná. Hablar sobre ese secreto, era poner en duda la fe cristiana, sin embargo, Emanuel era un ser especial, que llego a convertirse en el Divino Maestro. La dualidad es característica del planeta y en este caso no podía faltar. Santiago (Odio, ambición de poder, Zelote) Emanuel, (amor, perdón, Divino Maestro).

Puedes aceptar o rechazar, esa es tu opción.

YO NO BUSCO LA VERDAD, YO VIVO EN ELLA

Para mucho esto suena pedante y créeme cuando digo que te entiendo.
Sin embargo los hechos que a continuación les relato, son sucesos ocurridos en mi vida.
Cada uno lo estará leyendo y analizando de diferente manera.
Cada uno juzga de acuerdo a lo que cada uno es.
Un espiritista, lo vera de esa forma.
Un religioso lo verá diciendo que el ángel estaba conmigo ese día.
Los paleros, dirán que el monte me protegía.
Los no creyentes dirán que eso fue pura casualidad.
Y así cada uno encuentra una explicación a estos sucesos.
1.- En la finca que teníamos en el Doral, un día estaba sacando de debajo de los

surcos donde estaban sembrados los árboles ornamentales, unos recipientes pequeños que contenían pequeñas plantas en desarrollo.

La yerba estaba cubriendo los recipientes por lo que tenía que meter la mano entre la maleza y sacarlos para el camino, de esa manera podía limpiar bien el camellón.

Cuando estaba inclinado escuche la voz que muchas veces me había hablado, esta llego claramente a mis oídos:

¡Cuidado tienes arriba de ti una serpiente!

Retrocedí manteniendo la cabeza inclinada hacia el piso y comencé a buscar la serpiente que la voz me había indicado.

Luego de mirar detenidamente dije en voz fuerte:

¡Aquí no hay nada!

Y la voz se volvió a escuchar en mis oídos diciéndome claramente:

¡Mira bien y la veras!

Volví hacer el recorrido y fue entonces que pude ver aquella serpiente que se había camuflado de tal forma que formaba parte de aquella rama.

Esta estaba durmiendo la siesta después de haber comido su alimento y como respeto la privacidad que el animal disfrutaba, me fui en otra dirección a buscar una nueva tarea.

2.- Otro día estaba observando el estrago que había producido la tempestad que día antes había azotado a Miami, la finca todavía estaba medio inundada de agua y los arboles muchos de ellos estaban caídos sobre el camino.

En la parte que estaba más profunda el agua, producto de la forma del terreno, era donde más plantas habían sembradas, estas eran para ser convertidas en Bonsái, por lo que su tamaño había sido controlado por mi pensamiento y estos árboles que llevaban dos años plantados en el camellón, no pasaban de un pie de alto.

Mi experimento había dado resultado, nuestro pensamiento puede alterar el mundo que nos rodea y la prueba la podía contemplar a diario, cuando veía brotarles una simple hoja, en lo que anteriormente debía de ser todo un árbol de varios pies de alto.

Aquel día me puse mis botas de goma y estaba decidido a entrar hasta donde pudiera. Para poder llegar a una parte alta, tendría que agacharme lo suficiente para pasar por debajo del árbol que se había caído sobre el camino.

Estaba agachándome para caminar de esa forma, de sobra sabía que mi cabeza estaría en contacto con las ramas que siendo tan espesas no permitían el yo poder ver lo que allí había.

El ruido incesante que llego a mis oídos me hizo detenerme y levantar la vista, aquella águila inmensa. (Calculo sin equivocarme que sus alas de una punta a la otra tendrían los seis pies, estatura que yo tengo).

Los gritos y la forma de ella avanzar hacia mí me hizo alejarme del árbol y agacharme para evitar las afiladas garras de aquella ave que paso rozando mi cabeza para enfrascarse en una lucha increíble, donde al final pude verla a ella brotar, llevando en sus garras aquella inmensa serpiente, la grandeza de la misma junto a su peso produjo en el águila el aceleramiento incesante de sus alas las cuales trataban por todos los medios de levantar el vuelo.

Fueron momentos increíbles vividos por mí, el poder contemplar aquella inmensa águila tratando de levantar el vuelo lentamente llevando en sus garras el animal que de seguro me habría ocasionado la muerte, me dejo inmóvil.

Al final pude ver que la misma iba tomando lentamente altura, mientras la serpiente luchaba aun por liberarse de sus potentes garras.

Me vire de espalda y camine dos pasos para alejarme de aquel árbol que permanecía ignorando lo que había acontecido, cuando me volví pude ver con asombro que en el cielo ya no existía ni rastro de aquella inmensa águila, que acababa de salvarme la vida.

Ahora le toca a cada uno de ustedes, encontrar explicación a lo ocurrido.

Aunque esto es solo el comienzo.

Mientras tanto seguiré esperando por ustedes diciendo:

YO SOY EL CAMINO
VERDAD DE VIDA
QUIEN LLEGA A MI

TENDRA VIDA ETERNA.

CONFLICTOS MENTALES.

Nunca tuviste tan cerca de la verdad, todos tenemos conflictos mentales, yo lo reconozco, acaso otros también.

Desde que nacemos hasta nuestra muerte, pasamos todos por esos conflictos, trampas y mas trampas están a la orilla del camino, todo para detenerte en tu evolución y que no puedas nunca encontrar la realidad que no es la que ven tus ojos.

No puedes ni por un momento imaginar todo lo que en 72 años he podido ver y vivir.

Nacido en la llave del golfo, tuve el privilegio de poder ver el gobierno anterior y lo que parecía ser la solución, lo que le tomo a muchos descubrir pasado muchos años, todo ello lo pude ver en esos primeros años de revolución,

Luego cuando logre escapar de aquello que parecía ser un infierno, tendría que descubrir que el infierno aquel era una miniatura, de lo que en verdad existía afuera.

Trampas inimaginables llegarían a ser entendidas y descubiertas después de pasados muchos años.

He tenido que soportar las más duras pruebas, incluyendo el que se me tratara de eliminar físicamente por medio de accidentes, todo para que yo castigara aquel que tratara de hacerme daño, sin embargo en todos esos casos esa persona (dañina) solo recibía de mi el perdón.

No es fácil perdonar al que trata de hacerte un daño físico.

Muchos venden su alma por 4 pesos, yo preferí quedarme con mi alma y no tener los 4 pesos, (eso no lo hace nadie y para tu conocimiento eso todavía no lo entienden los controladores, los cuales observaban mi vida con detenimiento.

Creo que ya hable demasiado.

¿QUE EN VERDAD, BUSCO EN TI?

Muchos que me leen, se toman el atrevimiento de pensar que me conocen.

Unos pocos me critican, me educan, me dan lesiones dada por otros y al final, las palabras carecen de sentido porque no vienen acompañadas de ninguna videncia y esta videncia no es la que tienen muchos médium para encontrar esos mundos paralelos que nos rodean y que ellos han creído que son mundos espirituales.

Estamos tan sumido en nuestra propia esfera, que solo vemos un fragmento de lo que yo expreso.

Hace apenas unas horas escribí un artículo sobre el Momento, sin embargo muchos lo interpretaron como que era una crítica a eso que común mente denominamos nuestro LIBRE ALBEDRIO.

Pero el titulo no decía esto.

Todos saltaron como liebres para hablar de la libertad que tenemos de determinar nuestras acciones y otros para expresar la opinión de lo que ellos han encontrado en la palabra VERDAD.

Para muchos la verdad no existe, nadie la tiene, ni siquiera ellos que se pierden tratando de buscar su origen.

Mi llamada verdad, pudiera estar en algún lugar escondida entre las letras que conforman un libro.

Puede haber sido expresada de muchas formas, todas tratando de ayudarnos a comprender lo que ella encierra.

Hoy te digo que yo no busque la verdad fuera, de haberlo hecho estaría como muchos repitiendo las mismas palabras.

No le pedí a ningún santo, ángel, dios, entidad superior, que me enseñara el camino que me libera de la ignorancia.

Buda no buscaba nada cuando decidió sentarse bajo aquel milenario árbol.

La llamada iluminación, llega sola, sin buscarla, sin forzar su presencia, solo tienes que estar dispuesto a dejar de ser tu, para convertirte en eso que tanto

critican que yo no tengo y que se llama verdad.
La verdad no tiene cuerpo, ni alma, ni mente y mucho menos es un espíritu.
La verdad es un estado de conciencia que libera tu presencia de esto que nos rodea y que es una ilusión.
"El teatro existe, mucho antes de nosotros llegar"
Cuando llegamos formamos parte del teatro y creemos en esa realidad porque allí estaba cuando llegamos.
Muchos dicen que vivimos en MARA, pero ellos solo repiten el concepto que han escuchado.
Salir de MARA (ILUSION) es encontrarte con la verdad y eso te puede producir el dejar de condensar tus partículas para mantener tu imagen.
Hoy quiero que vuelvas a buscar en mis escritos todo lo expresado, quiero que te compres un cuaderno nuevo y escribas por fuera LA VERDAD.
En ese libro solo vas a escribir lo que tú vas encontrando en el camino que vas a recorrer al volver a leer mis artículos, entonces y solo entonces podrás encontrar

las palabras que encierran un significado oculto.

Escribe esas palabras y trata de encontrar el significado que en ese preciso MOMENTO, tú crees que la misma encierra.

Has de este libro algo especial, no estás estudiando mi vida, es la tuya la que al final habrá logrado terminar con las mismas palabras que yo uso.

"Quien llega a MI, tendrá vida eterna"

Cuando descubras lo que encierra el MOMENTO, entonces y solo entonces podrás decir que eres el CAMINO.

Mientras tú encuentras el tuyo, yo estaré diciendo:

YO SOY EL CAMINO
VERDAD DE VIDA
QUIEN LLEGA A MI
TENDRA VIDA ETERNA.

UN MUNDO BIPOLAR

Después de recibir el agradecimiento de muchos, ayer recibí una crítica y en ella se valoraba mi personalidad.

Me dolió aquella critica por venir de un hermano, anteriormente había recibido algunas pero son personas que ni siquiera puedes ver su perfil en Facebook, estos últimos no ponen su foto, no ponen ninguna información personal de ellos y mucho menos amistades, entonces esta critica carecen de valor.

En este caso era todo diferente, la critica venia de un hombre de familia, educado, respetuoso, pero con una opinión sobre mi persona donde demostraba que aunque me leía, no compartía mi estilo.

Me acuso de ser un ego centrista, manipulador de personas para que después de leerme corrieran a comprar mis libros.

Me comparo con Jesús y llego a decirme que si este venia hablarle en parábolas también lo criticaría.

Comprendo que mis escritos no pueden ser entendidos por todo el mundo, sobre todo si la persona ha vivido casado con una idea filosófica, política o de índole económico diferente a lo que expreso.

Entiendo que es natural que surjan estas oposiciones, yo no sigo dioses, ni religiones, ni política, ni hombres, aplaudo lo correcto y condeno lo que no lo es.

Cuando muchos le cierran la puerta a los Testigos de Jehová, yo se las abro diciéndoles siempre: "Bienvenido a la casa de Dios" y ellos siempre sonríen, aunque mucho de los que vienen con el anciano no entienden lo que yo digo.

Nuestra charla es rápida, pero llena de conocimiento, ellos tratando de que vea su punto de vista y yo tratando de ponerles otra forma de contemplar las mismas palabras.

Muchas veces vienen en sus autos para invitarme expresamente a sus actividades y en algunos casos, mi auto se ha portado bien y he podido llegar hasta ellos y compartir ese momento, lo cual ha sido para ellos de regocijo.

He traído esto a colación, para dejar bien claro que mi cerebro está abierto a la comprensión y aceptación de ideas y conceptos diferentes a los míos.

Ellos al igual que yo, respetan mi mundo y yo el de ellos.

En la puerta de la casa de mi hermana existe la figura de la virgen milagrosa, en mi pecho colgada de una cadena que siendo plateada no es de plata, cuelga la figura de HORUS, ellos en ningún momento han tocado el tema de las imágenes y de sobra todos sabemos que una de sus formas de creer es la no adoración de imagen.

Cuando era muchacho asistía a la iglesia que estaba en mi barrio, en ese tiempo la misa se daba en LATIN, luego seria eliminada, sin embargo a mi me llevaba mentalmente a otra vida donde había sido un sacerdote.

Los chinos que tenían una tienda de víveres, me producían el mismo efecto, escucharlos era entrar en esa parte pequeña conocida como la glándula pineal y sacar un fragmento de vida en esa región del planeta.

Las películas italianas me transportaban a Florencia y mi alma se llenaba de alegría al escuchar el sonido inconfundible de aquella lengua.

Era fácil para mí salir del cuerpo y dejar mi espíritu a cargo de este.

Muchas personas enseñan técnicas de respiración, ayuno, meditación, en fin un sin número de formas para lograr un propósito, sin embargo no recuerdo haber necesitado nada de eso.

Recuerdo que siendo joven estaba caminando para mi casa, cuando escuche el inconfundible toque de los tambores, sin saber porque me dirige hacia aquella casa donde había un "toque de santo", lo que es igual a una fiesta en honor a una deidad.

Entre en aquella casa iluminada y con las puertas abiertas y me dirigí al cuarto donde estaban los músicos y los hombres vestidos todos de blanco, la música y el canto embriagaba mi sentido, poco a poco fui moviendo personas y llegue hasta frente a la figura que rodeada de frutas y comida se encontraba en el medio de aquella habitación, al principio comencé a decir lo que decía el guía y que el coro se apuraba en contestar, luego sin darme cuenta estaba yo dirigiendo aquel coro de personas y estos repetían la lengua que yo estaba hablando, así vibrando como nunca antes, tanto ellos como yo

conoceríamos un estado llamado estasis, estuvimos horas, al final mi voz callo y el coro también, así como la música, entonces cogí un plátano consagrado a la deidad y cuando me lo fui a comer, alguien dijo que no podía comer la comida del santo, sin embargo otro anciano dijo.
"EL SANTO COME LO QUE ES DE "EL"
Las dos personas vestían de blanco, los dos eran Babalao, los dos conocían las reglas, sin embargo uno solo comprendió el significado oculto.
Así es todo lo que yo escribo, debo confesar que muchas veces cuando pasan los días, vuelvo a leer mis escritos y yo me asombro de haber expresado lo que esta manifestado, es por eso que para reconocerme tengo que buscar la firma al final que dice que fue escrito por mí.
Ahora saldrán halagos y criticas, unos y otros recordándome que todavía estoy vivo y que comparto mi existencia en un MUNDO BIPOLAR.
YO SOY EL CAMINO
VERDAD DE VIDA

QUIEN LLEGA A MI TENDRA VIDA ETERNA

ENTRE LO MUCHO Y LO POCO
Para muchos la vida es un error, para otros un horror.
Alguien dijo que las piedras en el camino, servían para construir un edificio.
Las opiniones varían y cada uno cree tener razón, para expresar su forma de ver la vida.
La herramienta que la vida moderna nos ha proporcionado es el internet.
Por este medio, la distancia se va haciendo corta, hablamos con familiares y amigos, incluso podemos ver sus rostros.
Muchos como yo dedican grandes horas en mantenerse ocupado.

Estar retirado para muchos es perder el contacto con la realidad que nos rodea, algunos se frustran y la soledad los acorrala.

Mis años de estudio cuando era joven, fueron terribles, una palabra bastaba para que yo saliera del cuerpo y me fuera a viajar por esos mundos que mi mente podía crear.

Hoy en día los maestro carecen de comprensión y le es más fácil catalogarte como estúpido, anormal, incompetente y todas esas palabras que pudieran llenar de complejo a un niño.

"La injusticia basada en la justicia, nos convierte en verdugos de otros"

Eso sin mencionar las burlas que produce en los otros niños, cuando en plena clase le dices a la maestra que 2 x 2 no son 4.

Cuando la maestra señala la salida diciéndote: para el patio de castigo y las risas incesantes de los demás niños, crean en la maestra una furia incontrolable, provocando que el conserje corra hacia el aula llevando en su mano aquella tabla de madera.

Pasar junto a ella era recibir un tablazo en la nalga que te haría recordar que en la escuela uno tiene que portarse bien.

Para mi aquel tablazo era un premio bien ganado, ahora podía estar solo en el patio sin nadie alrededor y así poder ver el sol, las nubes, los pájaros alegres y juguetones que retozaban libremente en las ramas de aquella mata de mango de la casa vecina.

Petronila que era la conserje, se acercaba para preguntarme que porque yo había dicho que 2 x 2 no eran 4.

Mi sonrisa y mi rostro le hacían abrazarme y me daba un beso en la cabeza, para decirme en voz baja, ven vamos para la cocina que estoy colando café para los maestros.

Entonces me sentaba en aquella mesa donde solo los maestros podían estar y sin dejar de sonreírle ella me preparaba un café con leche y me daba unas galletica de las que ella comía.

El maestro de sexto grado llegaba como todas las mañanas a buscar un poco de café y sonriendo me decía, algún día el 2 x 2 no será 4, pero falta mucho tiempo para llegar allí, así que mientras tanto 2 x 2 son 4.

Llegar a sexto grado con aquel maestro me tomo muchos años, repetía de grado y al final me pasaban para el siguiente para no tener que verme mas la cara.

Aquel día el maestro Guillomo Orozco estaba dando una clase sobre los piratas y los filibusteros.

Como era miope, aunque no lo sabía, necesitaba estar cerca del pizarrón para poder escribir las notas que el maestro ponía.

De pronto, me puse en pie y demostrando tener una espada invisible y haciendo una reverencia imaginaria donde mi espada quedaba dividiendo mi rostro para luego de poner la mano en la cintura comenzar a decir: "Defiende lo que tu lengua no calla"

El silencio de los niños y del maestro era increíble y allí frente a ellos estaba yo manejando con suma maestría aquella espada invisible.

Al final una estocada mía, dejaría sin vida a la persona que se había enfrentado a mi espada.

Un movimiento mas y mi espada quedaría guardada y al final mi brazo movió la capa imaginaria que tenia sobre mis hombros y me senté de nuevo en mi asiento.

La cara de asombro del maestro y la risa interminable de los niños, no me decían nada.

El maestro mando a todos a salir del aula y todos fueron hacia el patio.

El conserje asomo la cabeza por la puerta y el maestro le hizo seña de que vigilara a los que estaban en el patio.

El maestro después de sentarse a mi lado, me dijo: ¿Dónde tú aprendiste esgrima?

Mi contesta lo dejo sin palabra

¿Esgrima, que es eso?

El maestro me miro con asombro, pero continuó diciendo:

¡Yo soy profesor de esgrima y tú acabas de hacer un florete, increíble!

No sé lo que hablas, no entiendo nada, ni sé porque me pare, solo sé que sentía la necesidad de callar lo que tu lengua no calla.

Bueno, hoy cuando tú vayas para tu casa, yo voy a ir contigo, necesito hablar con tus padres.

Luego de aquello todos los sábados tenía que ir donde Guillermo y mientras él hacia las labores de su casa, este realizaba un estudio profundo de mi personalidad.

Tenía que copiar de un libro varias hojas y luego leer lo que había escrito.

Al final me mandaron a estudiar mecanografía.

Me tomaría muchos años en recordar aquella vida, donde mi espada callaba lo que otro decía.

Yo soy Juanelmanu y espero no molestarte con mis muchas y pocas cosas.

TU ESTAS EN MÍ
YO ESTOY EN TI
TU ESTAS CONMIGO.

LA HISTORIA SE ESCRIBE CON HECHOS.

"Son muchos los que hablan y pocos los que actúan"

Cada uno de nosotros encierra un verdadero misterio, muchos quisieran conocer sus vidas anteriores y otros sienten el temor de descubrir quienes fueron realmente.

En nuestro afán de protagonismo muchos dicen ser figuras que sobresalieron en la historia de la humanidad y los hay quienes dicen haber sido personajes que ellos ignoran nunca existieron.

Es increíble como el ego domina nuestra mente.

Cuando hice el relato de la escuela, nadie quiso saber quién podría ser ese que utilizando mi cuerpo de niño, le demostró al maestro que era un profesional en el arte de la esgrimía, lo interesante del caso es que mi maestro de sexto grado si era un practicante de ese arte y se consideraba a si mismo muy bueno.

La palabra dicha por mí: "Defiende lo que tu lengua no calla", viviría eternamente en mi recuerdo.

Me tomaría muchos años llegar a descubrir quién era ese personaje y porque dijo aquellas palabras.

Un espiritista diría que aquello fue producto de un espíritu que se manifestó ese día utilizando mi cuerpo como instrumento.

Siempre tuve la curiosidad si aquello era producto de un espíritu y si lo era, cual pudo ser su razón.

Hace unos 8 años estaba trabajando para una compañía que distribuía correspondencia a los diferentes negocios en un área de la ciudad de Miami.

Ese día llegue como de costumbre aquel negocio y cuando abrí la puerta me encontré con la recepcionista llorando.

Le pregunte que porque estaba llorando, cuando debería de estar contenta.

La joven mujer me miro y trato de secarse los ojos con el papel suave que tenía en la mano.

Entonces volví hablar para decirle: — ¿Estas en estado?

¿Como lo sabes, me dijo ella, yo lo acabo de descubrir ahora, como tú lo puedes saber, nadie lo sabe aquí, como tú puedes saberlo?

Deberías de estar feliz y contenta... le dije.

La joven mujer levanto la cabeza para decirme:

Tengo cinco hijos y si le digo a mi esposo que estoy en estado, este se va a poner furioso.

La pobre mujer lloraba desconsolada por lo que no me quedo más remedio que decirle.

- Entonces mañana dejaras de estarlo y tu vida volverá a la normalidad.
- ¿Como puedes estar tan seguro de eso?.. me contesto.
- Espera a que llegue el mañana y veras que ya no estás en estado.

La muchacha dejo de llorar y se apuro en firmar por los dos sobres que había dejado sobre su mesa, mientras decía:

Voy a dejar que pase el día de mañana y según sucedan las cosas así hablare con mi esposo.

Al otro día cuando llegue me encontré que ella no había ido al trabajo, la muchacha que me atendió me dijo que ella había llamado que estaba enferma.

Una semana después tuve que regresar aquella oficina y la muchacha nueva me dijo que la jefa quería hablar conmigo.

Me llevo frente a ella y se retiro dejándonos solo, entonces la joven muchacha que era la jefa principal me dijo:

- Ella me lo conto todo, le dijiste que estaba en estado, sin que ella te dijera nada, luego le dijiste que al otro día, ya no lo estaría, ahora ella no va a trabajar más, el marido quiere que descanse y se dedique a cuidar a sus hijos, ¿Quién tu eres que puedes hacer todo eso?
- No sé de qué me hablas.... Me apure en contestarle.
- Sabes bien lo que estoy hablando y ahora quiero que me digas algo a mí.
- Hablaremos mañana, hoy no tengo mucho tiempo...

La muchacha se quedo parada en la puerta de su oficina, mirando como yo me alejaba, entonces dijo:
- Yo también necesito que me ayudes.

Dos días después regrese a esa oficina y la muchacha se apuro en decirme:
- Tuve que entregar el Mercedes-Benz, ahora tengo otro auto, pero eso no es lo que yo quiero…. Tienes que ayudarme.

La mire y sin saber porque comencé a decirle:
- Quieres ganar el loto y quieres que yo te diga que vas a ganar, sin embargo tu verdadero loto es tu marido.
- No soy casada, el no sé a casado conmigo porque no le he podido dar un hijo, he tratado muchas veces pero todo ha sido imposible.
- Vas a quedar en estado y será un niño tan especial que podía llegar a ser una figura importante en el futuro, tu novio se va a casar contigo y su regalo será un Mercedes, dejaras de trabajar y

serás lo que fuiste siempre una reina.

Aquella joven no podía creer todo lo que yo le estaba diciendo, su deseo era el ganarse la loto y ahora yo le estaba diciendo algo que ella no podía imaginar que sucedería, se alejo de mi sintiéndose frustrada, al no decirle lo que ella quería escuchar.

Semanas después cuando regrese por la oficina, me encontré que la misma se estaba mudando para otro edificio, por lo que sería imposible volverla a ver.

Paso el tiempo y un día alguien estaba en la carretera haciendo señales de luz y tocando el claxon, salí fuera de la carretera y un hermoso Mercedes-Benz negro, se detuvo detrás de mí.

La muchacha que salió corriendo para abrazarme y besarme una y otra vez, no era otra que ella, esta se apuro en llevarme al auto y me dijo:

El es mi esposo, este se encontraba sentado en el asiento del pasajero, detrás venia su hermano y un hermoso niño.

La muchacha seguía abrasándome mientras los ocupantes del auto todos

reían demostrando la felicidad que les embriagaba.
Mire el rostro de la muchacha y le dije sin dejar de mirar sus ojos, llenos de alegría.
La misión de ustedes apenas comienza, ahora tienen la oportunidad de hacer que el logre las metas para lo que fue creado.
YO SOY EL CAMINO
VERDAD DE VIDA
QUIEN LLEGA A MI
TENDRA VIDA ETERNA.

BUENOS Y MALOS

"Es fácil juzgar a otros por sus acciones"
"Para cambiar el rumbo, tienes que primero conocer la meta"
La humanidad siempre ha juzgado el presente, sin importarle mirar la causa que crea esa situación.
Después de la tercera destrucción total del planeta, los señores del cielo decidieron repoblar el planeta.

La forma más rápida para conseguirlo era traer fragmentos de otros planetas donde la vida se había desarrollado.

Se pensaba que de esa forma todos estarían contentos y felices, ya que muchos planetas tendrían su representación aquí.

Así surgieron los pueblos con costumbres, templos, animales y plantas, todos traídos desde sus mundos para compartir este.

La fuerza invisible de Ishtar se hizo sentir en el planeta y la sexualidad comenzó su efecto, producto de ese frenesí, nacerían nuevos miembros los cuales pasarían a formar parte del grupo llegados del cielo.

Estos se tenían que conformar con los relatos hechos por los ancianos, los cuales dejaron en la memoria de los nuevos miembros, la promesa de regresar algún día a su verdadera morada.

El aumento de población creo en algunos el deseo de aventurarse en conocer que existía más allá del bosque, la montaña, el desierto y de la mar.

Grupos se aventuraban en cruzar esos obstáculos y así nacieron los primeros conquistadores en aquel mundo que de nuevo daba comienzo.

Algunos grupos entraron en contacto con otros y se unieron formando en esa unión un nuevo pensamiento.

El deseo de aventura de estos hombres no les dejaría tranquilos en esos lugares y así surgirían pueblos enteros moviéndose en busca de un mejor lugar donde plantar su poderío.

Uno de aquellos pueblos aventureros seria recogido por las escrituras de nuestro tiempo y es así que conocimos la historia aunque lejos de la realidad de uno de aquellos hombres.

La historia le llamo ABRAHAM y para muchos seria el padre de la nueva nación.

Siempre inconforme con el fruto que obtenía este se movía por aquel territorio, aumentando su riqueza y poderío, los pueblos indefensos que se encontraron en su paso, fueron muertos sus hombres y los niños y mujeres fueron adquiridos como trofeo de guerra.

Para controlar mejor la población este creo en la mente de aquellas personas que él actuaba por orden del mismo Dios y que él llamaba "EL QUE YO VEO" esto luego seria conocido como JAVHE.

Durante mucho tiempo el nombre de Dios era sinónimo de "EL"

De la unión de estos hombres con las esclavas, nacerían una nueva cimiente, estos inducidos por sus madres nunca olvidarían y el odio hacia sus propios hermanos era mantenido en el más profundo secreto.

Los hijos de Abraham que eran muchos, después de su muerte se separaron y cada uno se dirigió en diferentes direcciones, así nacerían los pueblos que hasta el presente se siguen enfrentando unos con otros.

El Karma arraigado en la memoria ancestral, destruye y construye y nadie está dispuesto a olvidar.

Cuando los sembradores de la vida regresen, se encontraran un aumento considerable en la población del mundo, en algunos lugares con un adelanto casi comparado con los de ellos y en otros casos todo lo opuesto, dolor, hambre, desolación y muerte.

Los años y el Karma han movido las almas de aquellos que comenzaron mal y continúan haciendo mal.

Las escrituras sagradas solo rebelan tiempos pasados que regresaran para juzgarnos en este presente.

Espero que el conocimiento libere tu alma y esta pueda de nuevo florecer como flor de loto.

YO SOY EL CAMINO
VERDAD DE VIDA
QUIEN LLEGA A MI
TENDRA VIDA ETERNA

LA FUENTE
Todo lo que escribo es traído de la fuente, si existe alguien que lo ha escrito anteriormente, lo desconozco, lo importante es analizar si contiene el

escrito algo que pudiéramos considerar. Gracias por compartir.

Antes de nosotros seleccionar la experiencia nueva que queremos vivir, tenemos que dejar en la fuente lo vivido por nosotros durante esa existencia, para muchos este es el lugar conocido como Registros Akashico. Conectarte con la fuente es conocer el presente pasado y futuro de la humanidad, lo que ves y lo que no ves, lo que existe y no existe, la vida es un teatro donde solo cambian los actores

VERDAD Y HECHOS
El que no conoce la historia, no conoce los hechos.
El que no conoce los hechos, no conoce la historia.
El pueblo que alimenta el Karma, es un pueblo esclavo de sus hechos.

Solo habrá paz en el mundo, cuando la ciencia logre limpiarnos a cada uno del ENTE o LARVA que nos controla.

Estos seres que agotaron su tiempo de existencia, tratan de hundirnos a todos en su pantano y eso lo consiguen manejando el ciclo de odio, dolor y muerte.

EL PECADO DEL PESCADOR

El calendario gregoriano La reforma del Calendario Juliano, utilizado desde que Julio César lo instauró en el año 46 a. C., para dar paso al vigente Calendario Gregoriano, al que va ligado su nombre, ha hecho de él un personaje de popular notoriedad.

Instaurado el 4 de octubre de 1582, el nuevo calendario vino a solucionar el problema que planteaba el hecho de que el año juliano tenía 11 minutos y 14 segundos más que el año solar lo que había provocado que la diferencia acumulada hiciera que el equinoccio de primavera se adelantara en diez días.

Gregorio XIII, asesorado por el astrónomo jesuita Christopher Clavius promulgó, el 24 de febrero de 1582, la bula Inter Gravissimas en la que establecía que tras él, jueves 4 de octubre de 1582 seguiría el viernes 15 de octubre de 1582.

Con la eliminación de estos diez días desaparecía el desfase con el año solar, y para que no volviera a producirse, se eliminaron en el nuevo calendario tres años bisiestos cada cuatro siglos.

En Francia, los hugonotes, con Gaspar de Coligny al frente, estaban alcanzando cotas de poder preocupantes para la católica monarquía. La concentración en París de numerosas figuras de este partido político-religioso con motivo de la boda de Enrique de Navarra, el futuro Enrique IV, con Margarita de Valois dio ocasión a la reina madre Catalina de Médicis para ordenar, con la anuencia de Carlos IX, el asesinato de los líderes hugonotes.

La matanza iniciada en París y extendida inmediatamente al resto de las poblaciones galas atrapó desprevenidas e indefensas a sus víctimas, entre las que no escasearon mujeres y niños, de modo que durante la noche del 24 de agosto de 1572, la que ha pasado a la historia como Noche de San Bartolomé, la masacre pudo alcanzar hasta 100.000 sacrificados.

Parece probable que Gregorio XIII no tomase parte directa en el horror, con independencia de la constante financiación por parte vaticana de las guerras religiosas francesas. No obstante, hubo festejos en Roma para celebrar el macabro acontecimiento y se entonó en la basílica de San Pedro un solemne «Te Deum», la tradicional antífona de acción de gracias al Altísimo cuando éste dispensa a la cristiandad mercedes de gran trascendencia.

El pontífice hizo grabar una medalla conmemorativa que lleva en una cara su propia efigie y en la otra un ángel con la espada desenvainada matando hugonotes bajo el lema «Ugonotiorum strages» (la destrucción de los Hugonotes). Con el mismo título representó Vasari el fausto suceso en uno de sus frescos por encargo del papa.

UN TIEMPO SIN TIEMPO.
Solo encuentras la verdad, cuando la buscas.

Gregorio 13, toma posición un día 13 y dura 13 años.

Ahora podrás entender porque nuestro mundo se enfrenta con odio y muerte, hablamos de amor pero no practicamos el perdón.

Una vez más la palabra del divino maestro se queda como un manifiesto.

"PERDONA, QUE NO SABEN LO QUE HACEN"

El origen del calendario.

Espero que puedas entender que nuestra forma de contemplar la vida, está muy lejos de la realidad.

TO BE O NO TO BE.

En nuestro afán de condenar, buscamos la fuente de información de nuestro enemigo.

"EL FIN JUSTIFICA LOS MEDIOS"

Estas palabras al parecer sencillas encierran una gran verdad y la misma es usada por amigos y enemigos.

Sin razonar criticamos todo lo que no entendemos.

Fuera de Estados Unidos, muchos pueblos viven en la pobreza, el odio y la envidia, sin embargo todas esas naciones están llenas de recursos naturales que les podía proporcionar a sus habitantes un mejor estándar de vida.

Vemos la falta de los demás, pero no observamos la nuestra.

Cuando vives en libertad, puedes expresar tus opiniones sin temor a que te juzguen.

Cuando vives en un país totalitario, manifestar una opinión contraria te condena a desaparecer y en muchos casos tus familiares también corren la misma suerte, incluso en Corea del Norte hasta el vecino es condenado por no estar pendiente a tu actitud.

En ese llamado Irak que tanto dicen que murieron después de Hussein y que todavía siguen muriendo, conspirar en contra del dictador conducía hacia la desaparición de toda tu familia, pero ya nadie se acuerda de eso.

En Rusia se mataron millones de personas, condenadas a vivir en la Siberia, pero ya eso no importa.

Nos creemos místicos y hablamos con palabras bellas sentimientos que están muy lejos de nuestra actuación.

En nuestro afán de hacernos notar, juzgamos y condenamos, sin darnos cuenta que eso mismo quiere nuestro enemigo.

"Cuando tu condenas a otro, te condenas a ti mismo"

"Quien mal habla, mal termina"

Pero eso no lo puedes entender, tu forma de pensar está llena de lagunas, pensar de forma diferente para ti que has creído en la mentira, eso es traición a ti mismo.

La verdad es una sola…. La Tesis y la Anti Tesis, ambas trabajan para el mismo fin… LA SINTESIS.

Claro esto no es para todo el mundo, me he pasado todo un año tratando de abrir tus ojos, pero solo unos poco han logrado el objetivo, el resto prefiere morir en su propia creencia.

"Quien ama la obscuridad, rechaza la luz"

"Solo encuentra la paz, quien deja la guerra"

"Sin guerra, hambre y miseria, la humanidad dejaría de existir"

Para entender estas palabras tienes que conocer el sentido oculto de la palabra KARMA.

Sin KARMA, no habría vida en el planeta, nuestra existencia es producto de la reencarnación y la trampa es preparada para que la función teatral continúe.

Claro que no puedes aceptar esto, eres un simple árbol que carece de raíz y esto te hace sentirte dueño de tu propio destino.

Buda meditando debajo del árbol, comprendió la verdad de la vida:

"SOLO DEJARE DE SER YO, CUANDO NO LO SEA"

De todo ello surgió aquella famosa palabra:

"TO BE O NO TO BE"   "ser o no ser, esa es la cuestión.

Tanto la política, como la religión, son piedras del camino.

QUIEN TENGA OJOS VEA
QUIEN TENGA OIDO OIGA.

Mientras muchos mueren buscando la razón de ser.
Otros viven sin razón.
Yo soy juanelmanu y espero que la voz que clama en el desierto llegue a tus oídos.
YO SOY EL CAMINO
VERDAD DE VIDA
QUIEN LLEGA A MI
TENDRA VIDA ETERNA.
© Muchos dicen ser de mente abierta y les entiendo, sin embargo muchos existen sin darle participación a su verdadero ser, ese que no es cuerpo, ni espíritu, ese que es emanación de lo divino, ese que solo encuentra quien deja de decir YO SOY QUIEN SOY.

SI YO NO LO SE, NADIE LO SABE
Muchos niegan la realidad que escuchan, los comentarios varían según las palabras que tú digas.
Si usas la palabra realidad:

Sacan de la manga un sin número de explicaciones, todas para decirte que tu realidad no es la de ellos.

Si hablas del DOGMA, entonces lo que visualizan es la religión cristiana y las otras están libres de esa interpretación.

Cada uno habla de acuerdo al libro que ha estado leyendo.

Si vas a una librería de la nueva era, veras que sobre un mismo tema existen millones de interpretaciones.

Unos aceptan otros rechazan.

"CUANDO UN SABIO CALLA, NADIE LO ESCUCHA"

Hablamos de paz, amor, sinceridad, amistad y muchas veces estas están tan lejanas que no encajan con lo que decimos.

Quien hable de paz, nunca menciona la guerra y mucho menos hace recuentos de ella.

Mientras no aprendamos a olvidar el pasado, nuestro presente y futuro arrastra un sobrepeso.

Ninguno de nosotros ha sido ni será perfecto en este plano terrenal, los errores en nuestro caminar han sido experiencia, trampas, dolor, sufrimiento y todo para lograr reír cuando descubrimos que aquello fue solo porque necesitábamos aprender una lección.

Todos los conocimientos y todas las técnicas, existen dentro de ti, no haces uso de ellas, simplemente porque tu propósito no está definido.

Queremos aprender a salir del cuerpo, pero no sabemos para qué.

Un amigo me pregunto cómo se puede aprender a mover un objeto con la mente, este mencionaba que si un espíritu puede mover un objeto, porque nosotros no podemos moverlo con la mente.

Entonces veo que su camino no está definido, su mente le juega la misma trampa señalada en la biblia.

Jesús esta frente al abismo y su mente le dice que salte, que no le pasara nada.

El ejemplo no puede ser más claro, nuestra mente nos traiciona por segundo y si nosotros la escuchamos, nuestra vida estará llena de sufrimiento.

Nuestro cuerpo es energía, pero no es eterna, esta aumenta y disminuye según el uso y desuso que le damos.

Gastar tu energía en aprender a mover un objeto es perderla.

Mejor es aprender a dar energía a los que la necesitan y por falta de ella enferman.

"QUIEN DA RECIBE"

Cuando entiendas que dando amor recibirás lo mismo, que dando salud a otros, recibirás lo mismo... entonces la humanidad podrá decir.

YO SOY EL CAMINO
VERDAD DE VIDA
QUIEN LLEGA A MI
TENDRA VIDA ETERNA.

DUDAR ES NO CREER

Si piensas que eres superior a los demás, que tus conocimientos son tan amplios que conoces todas las técnicas y que has logrado conquistar el mundo astral y material con todos sus misterios.

Entonces no desperdicies esta oportunidad.

Estados Unidos puede convertirte en un SUPER SOLDADO, tanto a ti como a tu simiente.

Te invito a que veas y escuche la historia de este hombre, uno de los tantos SUPER SOLDADOS que existen en el planeta y que muchas veces cruzan cerca de nosotros y que no podemos imaginarnos por un segundo, los secretos de su vida.

LA CRÍTICA

El crítico rechaza lo que no se ajusta a su conocimiento.

Carente por completo de comprensión, este se hunde en uno de los costados de la balanza.

El crítico muchas veces quisiera admirar la obra, pero su esencia está formada de todo lo opuesto y termina en el rechazo.

Los críticos pueden variar según su capacidad intelectual.

Los analíticos son aquellos que disciernen de acuerdo a su conocimiento.

Los ofensivos son los que al carecer de razonamiento, terminan en ofensa.

El ofensivo lo domina el odio, la envidia, la ceguera y su patrón mental lo lleva a condenar con vehemencia la obra de otros.

Una persona puede tener diferente criterio y el dialogo permite que las ideas puedan transformarse muchas veces para mejorarla.

Las personas todas aspiramos el aire que nos rodea, sin embargo no siempre ese aire es bueno para nuestra salud.

El mismo aire puede estar compuesto de ingredientes nocivos.

Así nuestra mente tiene diferentes variantes y solo logras descubrir su secreto quien depura el pensamiento que expresa.

Muchos leen pero no todos entienden.

La mansión de mi padre tiene muchas puertas y todas están en el mismo edificio.

La opción es tuya, tú eres dueño y señor de tus actos.

Existen dos tipos de personas además de todas las otras variantes.

Uno quiere participar de la obra de teatro, aunque sea haciendo el papel del malo y el otro quiere contemplar la obra sentado cómodamente en un asiento.

En la obra de teatro que llamamos vida, vemos todas las manifestaciones en un mismo escenario, dolor, sufrimiento, intriga, alegría, amor, traición y muerte.

Al finalizar la obra unos aplauden y otros demuestran con un gesto que no le gusto la representación, por mas esfuerzo que hicieron los actores.

Los comentarios a la salida del teatro son tan variados como espectadores hubo.

Así es la vida, creada para agradar y desagradar.

Muchas veces la emoción se impregna de alguien y esta sale llorando, los recuerdos de su propia vida han surgido en su memoria y esta brota en forma de llanto, sin embargo siempre existe alguien que se apura en recordarle que aquello era una obra de teatro y que al día siguiente comienza una nueva función.

Esa es la vida y mientras estemos en este plano terrenal donde llegamos por nuestro propio deseo, viviremos observando cómo sube y baja la cortina.

La obra continuara, mientras los críticos alagan o destruyen, solo el que observa tiene la última palabra y eso queda a criterio de ellos.

El gran observador es aquel que con sabiduría mantiene en equilibrio su grandeza.

En Egipto la imagen muestra como ANUBIS, pesa el alma y solo deja de manifiesto que la balanza mantiene su equilibrio.

El sabio sonríe siempre frente a las dificultades de la vida, este en su eterna sabiduría conoce de sobra que la obra siempre continua.

YO SOY EL CAMINO
VERDAD DE VIDA
QUIEN LLEGA A MI
TENDRA VIDA ETERNA.

UN PROGRAMA LLAMADO VIDA

Muchos creen que se puede cambiar la forma de vida en este planeta.

El hombre moderno ha inventado sistemas y formulas siempre diciendo que el planeta en que vivimos puede llegar hacer un paraíso.

La Tesis es el problema, el cual es real ya que lo vemos a diario en nuestro alrededor... Sexo, Odio, Muerte, Terror, Dolor, Enfermedad, Prisión, Hambre, Cambios Climático, Guerra....

La Antítesis es enumerar todos estos problemas y cambiarlos con medidas tan drásticas que crean dolor, penuria y sufrimiento.

La Síntesis es eliminar las dos anteriores y decir que el cambio es la solución....

Tres formas de entretenimiento que conducen a la humanidad hacia el desgaste físico y moral.

Al final cuando estas anciano, descubre que el juego llamado vida es todo un engaño y el tiempo transcurrido no lo supiste aprovechar.

Los viejos siempre decían: "Nadie escarmienta con cabeza ajena"

Así vemos que la tragedia de un pueblo y la experiencia vivida por este por mucho que les trate de explicar a otros pueblos su desgracia, ellos nunca te van a entender la magnitud que la misma encierra.

Los libros hablan de formulas que se deben de emplear para corregir los males, sin embargo estas en la realidad no funcionan.

Muchos llamados amigos de FB, se disgustan ya que según ellos mi aporte no es completo, la información que yo doy, solo es una chispa y ellos quieren que yo les dé una llama que dure toda la eternidad.

Tengo que decir que esa llama no está en ningún libro, aunque muchos dicen que si... todos mis conocimientos fueron buscados dentro de mi ser donde radica la única verdad existente, esa que esta retenida en tu glándula pineal.

Todo lo que no cuesta sacrificio, ya sea de tiempo o dinero, nunca será valorizado.

Una persona que gana la lotería observen cuanto tiempo le dura ese dinero, su primer impulso es comprar y comprar todo aquello que le quieran vender y al final tendrá que vender y vender para poder continuar viviendo.

La persona que logra tener algún dinero con trabajo y sacrificio, conoce perfectamente el valor del mismo.

Los gobiernos totalitarios que se apoderan por la fuerza de la riqueza de otros, estos terminan en la más horrible de las pobrezas y los pueblos que ayudan a estos gobernantes sufren la derrota moral de haber participado en esa destrucción.

"Destruir es fácil, construir es lo difícil"

Muchos hablan de política y en su afán de crítica estos ensucian el camino que otros por desconocimiento aceptan como limpio y puro.

La religión y la política fanatizan a los pueblos haciéndolos participe de la demora.

Los cubanos por haber vivido una experiencia amarga, donde el amor se convirtió en desilusión y donde los viejos con experiencias fueron eliminados para que no alertaran con consejo a los jóvenes, todos creen conocer la política y su forma de ver las cosas les hace pensar que ellos y solo ellos tienen la razón.

La pasión de los latinos es una llama que rugue en nuestras venas.

Si tu opinión está basada en los conceptos de otros, tu derrota será inevitable.

Aprovecha la chispa que te brindo y convierte tu conciencia en el conductor de tus emociones.

No busques el infierno fuera, ya que este fue creado aquí.

Eres un ser único en el universo, motivo de observación por entidades que desde lejos vienen a observarnos y si no se manifiestan es porque somos una epidemia que nadie quiere adquirir.

El científico observa las bacterias por el microscopio, así ellos nos observan a nosotros.

"Cambia tu MENTE y cambiaras tu vida"

Estamos a punto de ver cambios importantes en el planeta.

Unos nos iremos hacia una escala superior, otros bajaran y el resto permanecerá aquí siguiendo y viviendo lo programado en esto que llamamos vida.

YO SOY EL CAMINO
VERDAD DE VIDA
QUIEN LLEGA A MI
TENDRA VIDA ETERNA.

EL CICLO NATURAL

Nuestro mundo es perfecto cuando contemplamos una foto.

La foto de un amanecer frente a una playa siempre nos llena de recuerdos.

Observamos las nubes, el sol, el movimiento de las olas, el frescor que nos llega al rostro al chocar el agua contra la roca y pensamos cuan hermosa es la vida que nos rodea.

Nuestro ser interior nos pide a grito que renunciemos a todos los compromisos adquiridos y decidamos quedarnos allí.

Por unos segundos nos olvidamos de todo y nuestros ojos se cierran y abren como el obturador de una cámara para dejar impresa esa imagen en nuestro cerebro.

Luego cuando la realidad se impone y tenemos que regresar al mundo que nos hemos formado, entonces podemos contemplar la foto en nuestra mano y con orgullo recordamos aquel momento vivido, donde la magia de la vida nos dejo contemplar una de sus facetas.

"Dicen que recordar es volver a vivir"

Hoy en día y producto de los adelantos que disfrutamos podemos llevar con nosotros todos esos recuerdos en nuestro teléfono portátil.

A menudo he podido observan en las consultas de los médicos donde he tenido que acompañar a mi hermana, como las personas muchas veces con problema serio de salud, se dedican a repasar la memoria impresa con recuerdos de tiempos vivido y en sus rostros se refleja la alegría que ese momento dejo impreso en su cerebro.

Nuestra vida está basada en patrones de conducta, todos funcionamos y reaccionamos del mismo modo.

"La fuerza de la costumbre, crea el habito"

Nuestra acción produce reacción, nuestra conversación con los demás produce la comunicación y con ello el entendimiento o el enfrentamiento.

En mi afán de tratar de llegar al corazón de todos, me olvido por momento que ustedes han formado su propio criterio de la vida y aceptar la idea de otro es rechazar el concepto creado durante una existencia.

Para abandonar el bote donde mentalmente estamos montados, debemos de llenarnos de voluntad y eso conlleva el ponernos de pie y sujetarnos fuertemente del barco que nos ofrece una nueva oportunidad.

Muchos de nosotros dejamos esta vida sin conocer el verdadero secreto de nuestra existencia, hemos vivido buscando la razón de ser y nos vamos con la mano vacía.

Muchas versiones existen, sin embargo ninguna logro satisfacer nuestro anhelo.

La confusión generada por nuestra creencia religiosa, nos ha hecho dudar y aunque quisiéramos no podemos separarnos de la tradición y la costumbre. Nuestra mente nos vuelve a traicionar al llenarnos de duda.

Comprender no es aceptar, porque aceptar es rechazar los conceptos viejos que unas veces por desconocimiento y otras para controlarnos y manipularnos nos llenaron de ideas muy lejanas a la realidad.

Cuando entendamos que esta vida es la continuación de una muerte anterior, entonces entenderemos que la muerte es un día en nuestra alma y que esta vivirá eternamente. Si aceptamos por realidad lo que ahora escuchas.

No es decir yo creo que existe la reencarnación.

Es decir yo soy parte de una vida anterior y continuare siendo participe de esta larga existencia, dando y creando para mí lo que con orgullo reclamo.

"VIDA EN ABUNDANCIA, BAJO UN SOLO ORDEN, EL ORDEN DIVINO"

Yo soy el camino
Verdad de vida
Quien llega a mí

Tendrá vida eterna.

ENKI EL ANUNNAKI

Decir que ENKI, era reptiliano es cometer un grave error, ningún Anunnaki formaba parte de estas entidades.

Hasta que Zacarías Sitchin no escribió sobre los Anunnaki, nadie había dicho nada sobre su existencia, ahora se les cambia el nombre y también su aspecto físico.

Más aun se nos dice que somos una creación de los reptiliano.

Aceptamos como real las imágenes que están gravadas en Egipto y los que comentan no saben leer el significado oculto que representan los jeroglíficos ya que esto era solo comprendido por los iniciados en los misterios.

LO ASOMBROSO

Contemplar la realidad que nos rodea nos da pánico.

Facebook nos permite ver como es la mentalidad de los humanos.

Miles de post son puestos cada segundo y en cada uno está reflejada la forma de pensar y ver la vida de cada uno de nosotros.

Los patrones de conducta son termómetro invisible que dicen con exactitud nuestra programación mental.

Mientras unos solo les interesa participar en los diferentes juegos, otros se dedican a escribir sobre el amor, la pasión y el sexo.

Una mujer bella necesita tener muchos me gusta y la foto que ilumina su portada está llena de sexualidad para lograr suficientes comentarios aunque algunos sean atrevidos.

Una y otra vez se cambia la portada y las nuevas fotos se vuelven a llenar de vida.

El ego personal necesita del estimulo del halago.

Lo increíble es la cantidad de personas que participan.

Existen los que no quieren molestarse en buscar dentro de ellos una idea un pensamiento aunque este sea sencillo, su creatividad está sujeta a lo que otros dicen y sienten satisfacción al copiar un pensamiento de una persona que se hizo notable en un tiempo determinado.

Los religiosos se dedican a extraer fragmentos de la Biblia y con ello se sienten satisfechos de haber contribuido a la divulgación de ese pensamiento.

No podemos olvidar a esos que de forma sutil te amenazan con una mala suerte si no cumples con lo que ellos dicen.

Una persona que le envía a otra una de las llamadas cadena, la cual si no la reenvías estarás rompiendo la cadena y esto te producirá un efecto negativo en tu vida, estos en mi caso personal no solo no envió nada, también elimino de mi lista de amigos quien actúa de ese modo.

Los informáticos son los mejores, aportan conocimiento y sabiduría y los busco cuando los veo, sabiendo de antemano que ellos solo aportan cosas importantes.

Los llorones son esos que han desperdiciado su vida y luego quieren que tu se las arregle, estos en su afán de que se les coja lastima inventan tantas mentiras, que al final se olvidan de lo que habían dicho al principio.

Existen los controladores esos que reciben dinero por monitorear los diferentes grupos y escribir nuevas teorías y con ello ganar confianza y posición dentro de los componentes y seguidores.

La desinformación es un arma poderosa ya que crea la duda y las escuelas de los controladores se especializan en este arte.

Política y religión son tema muy difícil de tratar ya que cada uno tiene su propia idea del asunto.

Existen los que te leen, aplauden y luego los encuentras diciendo todo lo opuesto a lo que pensabas era su manera de ser y de ver el mundo.

Los sabios emplean pocas palabras y con ellas dejan abiertas la interpretación de cada uno.

Creo firmemente que perder el tiempo es hacer uso indebido de este y eso es desgastar esta existencia.

Sin importar edad ni sexo, todos debemos de hacer un análisis de nuestra actitud y programar nuestra mente hacia una nueva dirección en el próximo año.

Todavía nos quedan unos días peligrosos antes de que termine el año, los tomaremos para analizar y estudiar nuestro comportamiento y si la vida nos permite llegar al día primero, entonces comenzaremos dando gracia por todo lo malo y bueno que hemos dejado atrás.

Hagamos del principio de año un compromiso con nosotros mismos.

1.- El despertar de cada día nos da una nueva oportunidad de crecer.

¡DEMOS GRACIA!

2.- Nuestra salud a de mejorar considerablemente.

¡DEMOS GRACIA!

3.- Nuestro poder adquisitivo mejorara aumentando mi economía.

¡DEMOS GRACIA!

4.- Acepto aprender cada día algo nuevo y diferente.

¡DEMOS GRACIA!

5.- Mi fe moverá montañas, así como cualquier obstáculo que surja en mi camino.

¡DEMOS GRACIA!

6.- Aceptemos el ORDEN DIVINO, que rodea nuestra vida.

¡DEMOS GRACIA!

7.- Dedico este pensamiento a los que partieron, sabiendo que ellos estarán en su día de reposo, preparándose para un retorno que esperamos sea de felicidad y gozo.

¡DEMOS GRACIA!

Que la palabra del DIVINO MAESTRO encuentren gloria dentro de mi ser y por ello repito:

YO SOY EL CAMINO
VERDAD DE VIDA
QUIEN LLEGA A MI
TENDRA VIDA ETERNA.

Felicidades a todos en esta nueva aventura.

Que nuestro ser interior se glorifique en tu acto.

Yo soy Juanelmanu y te deseo de corazón un prospero año.

¡Que la paz sea con todos nosotros!

RESURGIR

"Cuando la montaña detuvo el sol, este permaneció inmóvil por tres días"

El hombre aprendió con los años que el sol estaba anunciando el invierno y su permanencia durante esos días les señalaba un nuevo comienzo.

Pasado esos tres días el sol volvía a comenzar a tomar altura y con ello nos anunciaba el milagro del renacer.

Cada grupo religioso se encargo de crear una leyenda diferente, todos basándose en el mismo principio.

"Bajar -- morir"

"Subir -- vivir"

Muchos pueblos comenzaron adoptar el sistema de quemar a sus muertos y estos podían observar como el humo subía hasta desaparecer en el medio ambiente que rodeaba aquel lugar.

Los chamanes se encargaban de describir esta acción como la unión del cuerpo con el gran espíritu que todo lo puebla.

Ningún chaman, brujo o guía espiritual tenía conocimiento sobre el alma y solo los altos iniciados en los misterios conocieron la existencia del mismo.

Por todo ello los libros no podían escribir ni describir la esencia que envolvía lo visible e invisible de las cosas.

Incluso hoy en día, muchos de los que se encargan de informarnos, cometen el error de desinformar al tratar de explicar los símbolos que encierran las figuras y tallados que se encuentran en los templos antiguos, en todas partes del mundo.

Así la serpiente ha sido asociada con seres Reptiloide los cuales últimamente están de moda, en un afán de hacerse ellos notar han llegado a decir que los Anunnaki eran seres Reptiliano.

Hace poco tiempo pude ver como la Lechuza (Búho) se le daba por nombre Marduk.

En fin cada uno crea la historia según su desarrollo tanto religioso como político, depende de nosotros aceptar o rechazar.

En el mar de confusión en que nos movemos, existen los que creen en tantas cosas al mismo tiempo, que al final tienen que seguir buscando, porque nada ha podido llenar el vacío que llevan dentro.

Todas las religiones existentes en el mundo están basadas en un mismo sistema de adoración, unos han disimulado la imagen y otros la ocultan detrás de una figura que brotan rayos en todas direcciones, todas sin ninguna excepción tienen al sol como el astro rey, dador de vida, "SEÑOR DE LOS CIELOS"

Para aquellos que han venido siguiendo todo este tiempo de mis escritos, debo recordarles que el saber no ocupa lugar y que conocer y no practicar es igual a no conocer, por eso de nuevo te invito a llenar de luz tu sol interno ese que despertara cuando repitas mirando la caída del sol o en su lugar la salida del mismo.

TU ESTAS EN MÍ
YO ESTOY EN TI
TU ESTAS CONMIGO.

Terminamos este año dando gracias por todo el camino que hemos podido

recorrer, gracias le damos a la vida por esta oportunidad.

Made in United States
Orlando, FL
28 July 2025